U0506703

《乡土中国》再认识

方李莉 著

山东画报出版社

济 南

图书在版编目（CIP）数据

《乡土中国》再认识 / 方李莉著. -- 济南 : 山东
画报出版社, 2025. 3.
ISBN 978-7-5474-3501-4

Ⅰ. C912.82

中国国家版本馆CIP数据核字第2025M4T233号

《 XIANGTU ZHONGGUO 》 ZAI RENSHI

《乡土中国》再认识

方李莉　著

项目策划　梁培培
责任编辑　顾业平
装帧设计　王　芳　刘悦桢

出 版 人　张晓东
主管单位　山东出版传媒股份有限公司
出版发行　山东画报出版社
　　　　　社　　　址　济南市市中区舜耕路517号　邮编 250003
　　　　　电　　　话　总编室（0531）82098472
　　　　　　　　　　　市场部（0531）82098479
　　　　　网　　　址　http://www.hbcbs.com.cn
　　　　　电子信箱　hbcb@sdpress.com.cn
印　　刷　济南龙玺印刷有限公司
规　　格　148毫米×210毫米　32开
　　　　　　6.625印张　120千字
版　　次　2025年3月第1版
印　　次　2025年3月第1次印刷
书　　号　ISBN 978-7-5474-3501-4
定　　价　59.00元

目　录

导　言 / 1

　　一、中国乡村研究的起步　/　3

　　二、在乡土中理解中国　/　6

　　三、"手工"与"机器"的思考　/　10

　　四、在反思中寻找中国的发展方向　/　13

第一章　家世与童年 / 23

　　一、出身于士绅家族　/　23

　　二、青少年时期的社会环境　/　27

　　三、从医学到社会学　/　31

第二章　步入学术之门 / 35

　　一、初识社区研究　/　35

二、认识功能学派 / 40

三、研究派克的理论 / 42

四、史禄国的体质人类学 / 47

五、结合西方理论思考中国问题 / 52

六、对中国人信仰的理解 / 54

七、研究志向的确立 / 58

第三章　初入田野——大瑶山 / 63

一、实地考察的起点 / 63

二、婚礼与启程 / 64

三、在田野中认识中国的民族关系 / 72

四、失妻的痛惜 / 76

五、恩师的褒奖与训导 / 78

第四章　《乡土中国》的写作背景 / 85

一、《江村经济》中的乡村田野实践 / 85

二、在云南的调查研究 / 98

三、乡村类型研究的讨论 / 108

四、中国乡村的实质与出路 / 111

五、对于农工相辅中的"工"的理解 / 118

　　六、手工业与中国农民的生活　／　124

第五章　《乡土中国》的关键概念　／　135

　　一、有关中国乡村社会的静态描述　／　137

　　二、有关传统中国政治制度的解释　／　157

　　三、有关乡土重建的思考　／　175

　　四、乡土中国的再现与重构　／　199

后　记　／　205

导　言

"乡土"二字对于中国人来讲是极其深刻而又厚重的，如果说每一种文化都有自己的文化基因的话，"乡土"就是中国的文化基因。20世纪90年代费孝通就曾谈到，"就像生物学里面要研究种子，要研究遗传因子，那么，文化里面也要研究这个种子，怎么才能让这个种子一直留存下去，并且要保持里面的健康基因"[①]。他认为，这是一个非常有意思和重要的话题，要发展中国文化就必须要把这一问题讨论清楚。

笔者认为，有关中国文化基因探讨的指向背景是每当世界面临大变局、大转型时，人类社会都会产生一系列新的认知观念，就像欧洲出现的文艺复兴，是一场人类社会的思想革命，

---

① 费孝通、方李莉：《文化的传统与创造》，载方李莉编著《费孝通晚年思想录——文化的传统与创造》，岳麓书社2005年版，第48—49页。

1

也是一次有关人的自觉行动，是作为个体的人在追问：我是谁？我从哪里来？我将要到哪里去？今天人类即将从工业社会进入一个新的集高生态、高人文、高科技于一体的社会，是否也会出现一场新的文艺复兴？如果有可能的话，笔者认为，在这样的时代人类将进行的是文化的自觉，是作为文化群体的追问，即我们是谁？我们从哪里来？我们将要到哪里去？因此，今天我们对文化基因的研究，就是希望说清楚我们是谁，我们从哪里来，然后进一步判断我们将要到哪里去，将能到哪里去的问题。

这不仅是中国的问题，也是全世界全人类都在共同面对的问题。也就是说，全世界不同的民族都在面临如何认识自己、如何与其他群体合作的问题，这将涉及全人类未来的发展方向。因为在全球化的世界里已经不可能存在一个群体孤立发展的现象，所有的发展都是在与其他文化群体的合作的基础上进行的。而费孝通的《乡土中国》虽然写于70多年前，但也是在中国面临世界变局开端的背景下书写的，是中国人很早的文化自觉。因此，今天我们重读或读懂《乡土中国》是具有重大的现实意义和未来意义的。

要读懂《乡土中国》，首先要了解《乡土中国》的作者——费孝通所处的时代与在那样时代背景下所产生的学术思想，还要了解作者写这本书的学术准备和学术的出发点，以及写这本书的目的。为此，本书首先介绍了费孝通的家世、教育背景、早年的学术思考、不同时期所接受的不同老师的教诲，以及在老师的指导下进入中国乡村进行田野考察，乃至出国留学，站在中西对比的角度审视中国自身的社会与文化，回国后又再进一步进入田野，更深入地了解中国乡村社会等学术经历。通过梳理，我们看到的是当年费孝通写《乡土中国》的目的是更好地认识中国社会，解释中国文化的特质，并在此基础上提出自己对中国未来发展的认识与见解。

一、中国乡村研究的起步

费孝通中国乡村研究的起步来自1936年在家乡开弦弓村做的田野考察，后来在这一考察的基础上完成了专著《江村经济》。在这本书里，费孝通虽然写的是一个中国江南地区的小村庄，但他首先将其看成是一个与中国其他地区紧密相连的整体。"在中国，地方群体之间的相互依存，是非常密切的，在经济生活中尤为如此。"①当时，费孝通关注的是中国这一已经深深地卷入了世界大变局的文明体。

1936年他带着这本书的考察资料来到了伦敦，在那里求学并完成了自己的博士论文——《中国农民的生活》，也就是后来的《江村经济》。论文完成后，得到了导师马林诺斯基（Bronislaw Malinowski）的极大赏识，并愿意推荐在英国出版。当时，马林诺斯基找到了伦敦的一家出版公司的老板。费孝通《留英记》中写道："他开门见山地说，这里有他的一个学生写了一本论文，问他愿意不愿意出版。这位老板回答得很妙：如果他能为这本书写一篇序，立刻拿去付印。马林诺斯基回答了'当然'二字，这件事也就定下了。书店的效率并不坏，在我回国之前，清样都打了出来。这本书就叫《中国农民的生活》，还加上一个中文书名《江村经济》。"②费孝通继续写道："放下电话，马林诺斯基沉思了一下，说这本书叫什么名字呢？他嘴里吐出一个字来，Earthbound，后来又摇了摇头说：'你下本书用这个名字也好。'Earthbound直译起来是'土地所限制的'，后

① 费孝通：《江村经济》，载《费孝通全集》第二卷，内蒙古人民出版社2009年版，第73页。
② 费孝通：《留英记》，载《费孝通全集》第八卷，内蒙古人民出版社2009年版，第118页。

来果真我第二本书就用了这个名字叫 *Earthbound China*，用中文说，意思可以翻译做'乡土的中国'。他这短短的一句话，不是在为我第二本书提名，而是在指引我今后的方向，他要我回国之后再去调查，再去写书。"① 这就是费孝通后来《乡土中国》一书的书名来源。

这也证明了费孝通写的《乡土中国》一书与他的专著《江村经济》之间的关系。费孝通对中国乡村的研究受到了马林诺斯基的高度关注，他评价说："（费孝通）通过熟悉一个小村落的生活，我们犹如在显微镜下看到了整个中国的缩影。"② 他认为"中国越来越迫切地需要这种知识，因为这个国家再也承担不起因失误而损耗任何财富和能量"③。"费博士是中国的一个年轻爱国者，他不仅充分感觉到中国目前的悲剧，而且还注意到更大的问题：他的伟大祖国，进退维谷，是西方化还是灭亡？"④ 也就是从那个时候开始，费孝通就在思考中国人要走一条什么样的现代化道路的问题，是跟在西方后面走还是根据中国自己的实际情况来走，这也是我们至今还在讨论的问题。

---

① 费孝通：《留英记》，第119页。
② 费孝通：《江村经济》，第281页。
③ 同上书，第278页。
④ 同上。

费孝通"在科学研究中勇于抛弃一切学院式的装腔作势。他充分认识到，要正确地解决实际困难，知识是必不可少的。费博士看到了科学的价值在于真正为人类服务"[1]。他还说："这是一个土生土长的人在本乡人民中间进行工作的成果。如果说人贵有自知之明的话，那么，一个民族研究自己民族的人类学当然是最艰巨的，同样，这也是一个实地调查工作者的最珍贵的成就。"[2]以往的西方人类学者都是研究遥远他乡的"异文化"，而费孝通研究的却是自己的家乡，研究家乡是为了认识家乡，进而认识自己的民族文化。可以说，这本书是中国人认识自身，并在这一基础上进行文化自觉启蒙的开始。

二、在乡土中理解中国

从1938年在英国学成回国到1949年的十余年时间里，费孝通先后撰写了《禄村农田》《生育制度》《乡土中国》《乡土

---

① 费孝通：《江村经济》，第278页。
② 同上。

重建》《皇权与绅权》等著作，并发表了一系列有关中国农村研究的论文，《乡土中国》是费孝通这一时期最有代表性的研究著作。

当时的中国乡村已经发生了剧烈的变迁，传统已被冲成碎片。为了让中国人能认识完整的中国乡村结构，费孝通将它们拼接在一起，让大家看到了一个正在逝去的传统乡村社会的静态结构。他在著作中指出"中国社会是乡土性的"[①]，也就是说乡土性是中国重要的文化基因之一，而乡土性的形成是与其地形地貌有着密切联系的。费孝通曾描绘说，中华民族的家园坐落在亚洲东部，西起帕米尔高原，东到太平洋西岸诸岛，北有广漠，东南是海，西南是山的这一片广阔的大陆上。这片大陆四周有自然屏障，内部有结构完整的体系，形成一个地理单元。这个地区在古代居民的概念里是人类得以生息的、唯一的土地，因而称之为天下，又以为四面环海所以称四海之内。这种概念固然已经过时，但是不会过时的是这一片地理上自成单元的土地一直是中华民族的生存空间。

由于这一特殊的地理环境，以至于古代的中国人没有民族国家的概念，只有"天下"的概念，但其所指的"天下"，并

---

① 费孝通:《乡土中国》，北京出版社2005年版，第1页。

非我们今天所认识的整个世界，而是一片相对封闭的大陆，在"这片大陆上最大多数的人是拖泥带水下田讨生活的"①。也就是说，居住在这片大陆上的人们主要是以农业生产为主。农业和游牧或工业不同，它是直接取资于土地的。游牧的人可以逐水草而居，飘忽无定；做工业的人可以择地而居，迁移无碍；而种地的人却搬不动地，长在土里的庄稼行动不得。②正是因为农业是属于定居性的生产和生活方式，所以靠种地生活的人们重视察看天象，掌握节气，最重要的是要保护好自己生产和生活高度依赖的自然环境。在这样的生存背景下所产生的文化观念也大都是在与自然以及与人相处的过程中总结出来的。

正是因为中国人在一个有限的空间内，很早就意识到自然资源是有限的，要在有限的资源里做到可持续发展就应该节制自己的欲望。所以产生出了"知足者常乐"，限制技术无限发展的文化观念。了解了这样的文化基因，我们就可以回答当年被美国经济学家肯尼思·博尔丁称为"李约瑟难题"的问题。其问题是：为什么现代科学没有在中国（或印度）文明中发展，而只在欧洲发展出来？很明显的就是古代的中国人根本就没有想无限制地扩展自己开拓世界的能力，因为他们很早就意识到

① 费孝通：《乡土中国》，第1页。
② 同上书，第3页。

了资源的有限性。而且李约瑟还提出了一个问题：为什么从公元前1世纪到公元15世纪，在把人类的自然知识应用于人的实际需要方面，中国文明要比西方文明有效得多？笔者认为那是因为中国文明很早就关注到了人与自然的关系。

任何文化只有通过解释才能成为知识，成为人类文化基因库的一部分，可以分享给全体人类。就像西方人研究过的部落文化一样，其研究的样本可以给予我们今天的文化许多启示。费孝通所写的《乡土中国》，就是一本最精彩的、可以分享给世界的有关中国乡土社会的解释文本。

钱穆、梁漱溟等一些民国时期的学者把中国文化看成是一种早熟的文化，这种早熟的文化特征让中华文明具有发育不全的一面，因而造成了后来某些技术方面的脆弱，在与西方的对抗中，不堪一击；但另一方面，由于早熟，又让中华文明具有某种直觉体验的那种先见性和超前性，使得它很早就体会和领悟到了别人没有感觉到的东西，而这正是当下研究人类可持续发展的珍贵资源，也是未来中国可以在世界领域里有所贡献的文化因素。

另外，在古代的技术条件下，中国文化维持了一个庞大国家（实际上差不多一直是当时世界最大、最繁杂的政治经济实体）长期的统一和稳定，并"以相对很少、很节约的人力物力，实现了复杂的社会治理"[1]。这种智慧也许是我们今天非常需要的思想资源和理论资源，但我们在学习西方文化后，却把老祖宗的这一套丢弃了、忘记了。我们今天学习《乡土中国》不仅为了更深刻地理解中国文化基因和内核，还是为了更好地为中国社会的当下及未来的发展服务。

三、"手工"与"机器"的思考

费孝通于1938年学成回国，正值抗战时期，他随西南联大去了昆明，在那里，费孝通和他的助手张之毅利用6年时间完成了"云南三村"的调查，即《禄村农田》《易村手工业》《玉村农业和商业》。在这样的研究过程中，他对中国有了一个新的认识，他说："一般人都认为中国是一个农业国。如果仅就农业是中国最主要的职业这一事实而言，确实是这样。但这并不意味着中国缺乏制造业，或只有很少的中国人才从事制造业。中国工业的落后

---

[1]　费孝通：《试谈扩展社会学的传统界限》，载《费孝通全集》第十七卷，内蒙古人民出版社2009年版，第463页。

是在技术上，而不是在从业的人数上。事实上，中国的大多数农民同时也是工匠。"[1] 在他看来，中国自古就绝非一个单纯的农业国家，而是一个"农工相辅"的国家，这里"工"指的是手工。

当时西方文明带来的是机器，手工不敌机器，是当时中国人所面临的巨大挑战，也是中国文化要被取代的根本性原因。费孝通却认为，机器虽然带来高产和速度，但也有它不足的一面。经济活动是人的活动，必然是要以人为主。"人有他的尊严，人有他的目的。可是机器的利用发生一种反客为主的现象。从一个在机器上做工的人说，他的活动是在服侍机器。"费孝通认为，在这样的情况下，人和机器之间的关系并不融洽。

所有的劳动都是以人为主体，人通过劳动改造了自然，也改造了自己本身。但是机器诞生以后，在生产劳动中人的主体地位开始被边缘化。在这样的生产方式中，机器不再是工具，人变成了机器的工具。"在这种情形之中，人和人的关系也发生了失调。很多人认为现代工业中人和人的失调是表现在阶级冲突中，其实所谓劳资的冲突不过是人和机器的冲突。"[2]

---

[1]　费孝通：《禄村农田》，载《费孝通全集》第三卷，内蒙古人民出版社2009年版，第197页。

[2]　费孝通：《人性和机器》，载《费孝通全集》第四卷，内蒙古人民出版社2009年版，第53页。

费孝通认为："即使我们因为机器工业的兴起，提高了生活程度而愿意接受它，我们也不妨因为丧失手工业时代所具的精神而惋惜。何况我们认为在利用机器来生产时并没有一定要消毁那种手艺精神的必然性呢？"①

他还认为："农村里的人利用农闲来经营手工业，更用男女分工合作来共同组织家庭，利用家有原料来制造日用品。这一切都充分表现了手工业的成全性，它是迁就人性的。它是加强社会联系的力量。"②而且由于在手工业中，人没有屈服在机器之中，所以手艺的发达并没有破坏由于其他生活需要而促成的社区生活。它配合于家庭、邻里等关系之中，配合在其他的生产活动之中，使它成为支持完整生活的力量，而不是破坏其他生产活动的力量。

尽管在一般人看来，机器比手工先进，但费孝通并未盲目拥抱机器而抛弃手工，而是进行了利弊的反思，对比了其中文化的差异性，试图对手艺中的精神进行保留，这样的态度也是对中国传统文化的态度。也就是说，中国传统文化在现代工业化的解体就是从中国传统手工业的解体开始，其不

---

① 费孝通：《人性和机器》，载《费孝通全集》第四卷，内蒙古人民出版社2009年版，第55页。

② 同上书，第56页。

仅是两种不同的生产方式，也是两种不同的社会结构和文化体系，因此要思考中国式现代化道路离不开对这一传统社会结构和文化体系的思考。费孝通的这些研究和观点虽然没有在他写的《乡土中国》中有所体现，却在他的《乡土重建》中成为非常重要的核心观点。笔者认为费孝通写《乡土中国》，最终还是为了思考《乡土重建》。因此，笔者是把这两本书放在一起思考的。

四、在反思中寻找中国的发展方向

费孝通的最大贡献是以科学性的研究方法站在客观的立场上，分析和反思东西方文化的利弊，并用自己在田野中得来的知识思考中国的现代化道路。他的这些20世纪三四十年代完成的著作，体现的是中国式现代化道路研究的雏形，对于当下的中国发展具有非常重要的启示性意义。

（一）在全球文明的对比中衡量中西文明的利弊

在20世纪三四十年代，以西方为代表的工业文明的优势是非常明显的，而以中国为代表的农业文明的弱势也是非常明显的。但费孝通却以自己科学而客观的研究，看到了中西文明各自不同的利弊，不仅未一边倒地顺从全盘西方的观点，还提出了当东西方文明碰头以后，中国社会要发挥自身的长处，避免西方所走过的弯路，走出一条具有中国特点的现代化道路的观点。

费孝通比较了中西之间的得失后说："我在论匮乏经济（中国）时曾指出一种循环：劳力愈多，技术愈不发达，技术愈不发达，劳力也愈多；在丰裕经济（西方）中也有一种循环：科学愈发达，技术愈进步，技术愈进步，科学也愈发达……这两种循环比较起来，前者已造成人类的贫穷，后者已造成了人类的不安全，都可以说是恶性的。"[1]

他认为中西两种经济模式都有各自的不足，因此，中国需要走现代化的道路，但不一定要重复西方的老路，而是可

---

① 费孝通：《乡土重建》，载《费孝通全集》第五卷，内蒙古人民出版社2009年版，第10页。

以在避免其不足的基础上，寻找自我的优势，找到一条具有中国特点的现代化道路，这正是我们目前在探讨的中国社会的发展方向。

在费孝通看来，"重视技术，发展技术是出（于）一种人对自然的新关系。匮乏经济因为资源有限，所以在位育的方式上是修己以顺天，控制自己的欲望以应付有限的资源；在丰裕经济中则相反，是修天以顺己，控制自然来应付自己的欲望"①。因此，中西方最大的不同主要是在人与自然之间的关系上的不同，前者造成了经济的落后，后者征服了自然，但也造成了自然环境的被破坏，人类发展的不可持续性。

另外，由于中国人重视的是"修己以顺天"，其关注点主要是放在处理人与人的关系上，因此，虽然经济落后了，但在人的行为规范上，在人与自然的良性互动上是有优势的。

可以说，费孝通当时写《乡土中国》的目的就是力图进行中国人的文化自觉。文化自觉的目标就是在认识自身文化的基础上，掌握在现代化过程中的社会自主转型权。但由于当时中西的力量过于悬殊，而且科技发展的条件还有限，因此，费孝通的理论在当时并未得到高度认同。但今天当我们重读费孝通

---

① 费孝通：《乡土重建》，第10页。

的《乡土中国》《乡土重建》等一系列著作时，会感到这些理论不仅没有过时，而且正当其时。

（二）在城乡的良性循环中寻找新的出路

在费孝通的论点中，还有一个值得我们今天关注的观点，这个观点就是城乡循环互动和乡土工业。当年他看到工业化的发展不仅让乡村经济匮乏，还将乡村和城市的发展割裂开来，打断了乡村和城市之间人才往来的链条。他说："一个乡间出来的学生学得了一些新知识，却找不到一条桥可以把这套知识应用到乡间去；如果这条桥不能造就，现代的教育，从乡土社会论，是悬空了的，不切实的。乡间把子弟送了出来受教育，结果连人都收不回。"①学生的知识在乡村并无用武之地，这样一来，工业化不仅从乡村吸引走了劳动力，也吸引走了知识分子。

一般来说，传统的中国人无论是在外面做了官，还是经商发了财，最大的心愿就是荣归故里，光宗耀祖。一个人老了、倦了，回到乡间，商人有钱就盖祠堂修桥梁，为家乡做好事；

---

① 费孝通:《乡土重建》，第59页。

官员回到乡间教书育人，调解邻里关系，与官府沟通民意。传统的乡土联系长期以来都维持着这自然的有机循环，"也就是这有机循环，从农民一朝的拾粪起，到万里关山运柩回乡止，那一套所系维着的人地关联，支持着这历久未衰的中国文化"①。

但在现代社会，一个人升迁的途径几乎全部集中在都市以内。如果不先变作城里人，一个乡间的寒门子弟已几乎完全不再有攀登的机会，这样的现象就打断了传统乡村人才循环的模式。所以费孝通说："很显然的，如果我的分析有若干正确性的话，我们必须从速恢复城乡之间的循环关系。"②

另外，费孝通认为，自古以来中国就是一个农工相辅的国家，也就是说，传统乡村里的每一个农民从某种角度来讲也都是一个手工艺人。但工业化以后，这些手工业如果离开了乡村，试问他们从哪条路上去提高他们的收入呢？为此，在20世纪40年代，费孝通提出了一个"乡土工业"的概念。

他认为，乡土工业可以是手工的，也可以是机器的；可以是家庭性的，也可以是工厂性的。重要的是这种工业并不隔离于乡村，在原料、劳工、资本等各方面以乡村的来源为主。

费孝通认为，要实行工业分散在乡村的想法是需要条件的，

① 费孝通：《乡土重建》，第56页。
② 同上书，第64页。

这个条件就是电气化的实现。他说："当工业革命开始的时候，主要的发明是蒸汽动力。用蒸汽来做生产动力，机器的位置给规定了集中在一地的形式……这样立下了现代集中式工业都市的形态，那是蒸汽动力的产物。"[①]但在19世纪下半叶人类社会已经进入了第二次工业革命，那就是电力技术革命。

在当时的费孝通看来，中国作为一个新兴的工业化国家，赶上了第二次工业革命的浪潮，完全可以利用新技术，走分散式和集中式齐头并进的新型的工业化之路。

由于电气化还不足以凸显乡村的分散化、小型化、多元化是未来社会发展的优势，其还是存在经济无法规模化的弱点，因此费孝通当时提出的"乡土工业"和"城乡循环互动"观点也就没有引起社会的广泛关注。

（三）后农业社会带来的可能性

人类社会发展到今天，正在启动的第三次和第四次工业革命，将会改变传统的产业结构和社会发展模式，为此，费孝通

---

① 费孝通：《乡土重建》，第85—86页。

理想中的分散式乡村工业和城乡循环互动将不再是幻想。

第三次工业革命曾宣称化石燃料驱动的工业时代即将结束，人类正在寻求一种使人类进入"后碳"时代的新模式。这一变化不仅是新能源的出现，还有互联网的出现，新通信系统从来不会独立存在，电话、广播与电视是第一代通信技术的主要形式，这些技术用来管理经济和使经济市场化。这种经济的基础是化石能源，大量商业活动源于特定的能源体系。而第三次工业革命预示着一种建立在互联网和新能源相结合基础上的新经济即将到来。这一新经济将告诉我们的是：第一次和第二次工业革命形成的传统、集中的经营活动，将被第三次工业革命的分散经营方式取代。

人类社会正在高速发展，第三次工业革命的成果还没有来得及完全转化成社会发展的动力，第四次工业革命又在发生，其是在第三次工业革命的基础上融合数字、物理和生物系统，它的主要驱动力是人工智能、大数据和物联网。这是当代最重要的科技发展趋势，正在引领全球创新浪潮，迅猛地改变世界经济发展结构。它将超越现存的技术革命的层面、带来经济、社会、文化等领域的深刻变化。

笔者认为，这是人类重新建造和描绘未来的一场新契机，在这场契机中我们看到的是，由于网络技术与智能技术的发展，人类的社会结构正在由以往的集中化、规模化、标准化的发展模式，开始转向扁平式的分散化、小型化、多元化的发展模式，这样的社会结构具有了某种农业时代的特征。

笔者花了30年的时间跟随费孝通提出的"从实求知"的学术之路在景德镇做考察，这是一座传统的手工业城市，虽然也经历了工业化的洗礼，但从20世纪90年代就开始出现了手工艺作坊集群，今天互联网平台将这些手工艺作坊集群连接在一起，高速公路又将分散化的城乡串联在一起，形成了新的城乡互动的乡村文化产业模式：大量的手工艺作坊集群被分散到周边的乡村，城市成了创意集市和时尚中心。

费孝通当年看到的是农民工进城，我们今天看到的是在城市受过教育的年轻艺术家、设计师、媒体人、网络工作者等携带着知识和创意进入乡村，不仅恢复了城乡的互动与循环，形成了新的乡村创意产业，而且还形成了全新的社会发展模式。这样的模式是从乡土中国的土地上长出来的，是中式的匮乏经济与西式的丰裕经济的结合，也是中式的"修己以顺天"和西式的"修天以顺己"的结合。像这样一种新的发展模式是实实在在地在农业社会基础上生长出来的，并具有许许多多农业社会和乡土社会的特质。在这样的背景中，中国的传统文化将会成为我们建设未来的资源宝库，这是值得我们去进一步讨论和展望的。这也是我们今天重读费孝通的《乡土中国》和《乡土重建》的意义所在。

　　因此，阅读费孝通半个多世纪以前所写的《乡土中国》一书，其意义不仅在于我们能更深刻地认识中国的传统，更重要的是能更深刻地认识中国的当下与未来。这也许正是费孝通先生所期待的。

第一章　家世与童年

一、出身于士绅家族

费孝通出生于1910年，那是清王朝土崩瓦解的前一年。1911年是辛亥年，就是这一年发生了辛亥革命。1912年建立了中华民国。

费孝通出生的时候，其祖母还健在。祖母姓周，童年时，她的家人在太平天国的战乱中被冲散了，她成了孤儿，被费孝通的曾祖父母收养，许配给他的祖父当童养媳。也就是说，从费孝通的祖母一代开始就受到了中国动乱的波及。

费孝通的祖父家是同里镇的一个"墙门人家"。所谓的"墙门人家"，就是家里有讲究的院门，这种人家，一般都属于有地位的士绅人家。在费孝通父亲很小的时候祖父就去世了。当时同里镇的许多士绅家庭都往来很密切，费孝通的祖父有个好朋友姓杨，名敦颐，他们关系甚笃，并结为儿女亲家。费孝通的祖父病逝后，由于家里没有父亲管教，费孝通的大伯在外面横行霸道，杨敦颐怕影响费孝通的父亲正常成长，于是就告诉费孝通的祖母，他要将费孝通的父亲，也就是他未来的女婿带到家中去亲自培养。杨敦颐是一位研究文字学的书生，他家也是"墙门人家"，是开米行的，当时，这些人都是一边学习一边经营产业。

那时，费孝通的祖母是个寡妇，又没有多少文化，管教不了自己的大儿子，最后他在外面闯了许多祸，引起了公愤，家里被砸了。费孝通的父亲因为到了杨敦颐家，所以安然无恙。

费孝通的外祖父杨敦颐是一个很新潮的人，他很早就受到西方文化的影响。在慈禧太后做寿时，加了一次考试叫恩榜，那年，他中了举人，到镇上当学官，相当于现在一个省的教育厅厅长，他在社会上有一定的地位。他极愿意接受洋学，最突出的表现就在于，他放弃了清朝官员的位置，应聘到上海租界当了一名商务印书馆的编辑，在商务印书馆编的《辞海》的编辑名单中还有他的名字。另外，他愿意接受洋学也表现在他对孩子的培养上，如他将一个儿子送到清华大学学习，费孝通的这位舅舅是清华送到美国留学的第一届学生，和胡适是同班同学，后来成为洋行的经理，他就是杨千里。国民政府成立后，他在北京做官，当过相当于行政院秘书长职务的官员。杨千里还以书法出名，其书法是从小在家里学习的。费孝通还有两位舅舅，其中一位在美国留学，后来留在美国的好莱坞创作动画作品，是中国的第一个动画专家，叫杨左匋。另一位曾在欧洲留学，是建筑设计师，叫杨锡镠，上海的好几个歌舞厅都是他设计的，中华人民共和国成立后参与了北京十大建筑的设计。

费孝通的父亲费璞安在外祖父的培养下，考上了最后一届秀才，从那以后中国取消了科举制，后来他被送到日本留学，学教育。他不懂日文，日本当局请了懂中文的教师给他上课，由于日本在文字上可以和中文部分相通，所以，在日常生活中他和日本人可以用笔交谈，甚至可以对着下象棋。因此，费孝通的外祖父家是中国最早接受外来教育的家族之一，而费孝通是在外祖父家出生并长大的。

费璞安从日本留学回来后，在吴江办学，随后，南通的张謇请他去教书，这时费孝通出生了，作为纪念，在他的名字中用了"通"这个字。费孝通曾说："在中国接受西方文化的这段历史上，我的家庭是很有代表性的，是最早的知识分子中接受西方文化的代表，直到现在我也是这方面的代表。"[1]

---

[1] 费孝通：《我的早年生活》，载《费孝通论文化艺术与美好生活建设》，商务印书馆2021年版，第146页。

1910年11月2日，费孝通出生在江苏省吴江县县城（旧属苏州府，今为松陵镇），那是县衙门的所在地。费孝通的母亲思想比较新潮，在那里创办了一个蒙养院（幼儿园），费孝通的教育是从蒙养院开始的，那是一种较西式的幼儿教育方式。它是中国最早具有现代教育意义的幼儿教育模式，学唱歌，学脚踏风琴，在那时候是很新鲜的。这是费孝通一生的出发点。费孝通说，童年的教育很重要，它决定了我的一生。

1920年，费孝通10岁时离开吴江到苏州。他外祖父的家也已搬到苏州，在苏州办起了一个织布厂，叫振丰织布厂，在十全街七十二号，这条街直到现在还在，但房子已没有了。

到苏州后，因为费孝通身体多病，母亲就让他到振华女校上学，这个学校是他母亲的朋友王季玉开办的，她也是美国留学生。费孝通从小学就开始学习英文，是由王季玉亲自指教的。振华女校是一个私立学校，是按照教会学校的方式开办的。费孝通在振华女校读到初中一年级，就到东吴大学第一附中上学。费孝通在小学和中学时就喜欢写文章，在初中时，曾有文章发表在商务印书馆办的《少年》杂志上，当看到自己的文章用铅字印在白纸上时，他非常激动。这鼓励他不断写作，也由此使他养成了不断写杂文和随笔的习惯，所以，他一生中除写了不少的学术论文外，还写了大量的杂文和随笔。

二、青少年时期的社会环境

　　费孝通青少年时期的中国所面临的是社会的快速转型，就以他的外祖父家为例，最早生活在同里镇，后来搬到吴江城，又到了苏州城，从乡下的小镇到县府所在地又到了苏州这样的中等城市，从开米行到办织布厂，后来家里的产业又和外资结合，到天津开洋行。他的外祖父家是很有代表性的，它体现了一个旧的知识分子家庭，如何从学习传统儒学转到接受西方的思想，并让自己的后代接受西式的教育。

　　笔者曾问费孝通先生："您的外祖父可以说是对您的学术成长起很大作用的人，他甚至影响了您的整个家族后来的发展，我想知道，为什么您的外祖父要比一般的中国旧式知识分子对西方的思想接受得容易一些呢？他有什么样的特点？是不是思想很新潮？"费先生回答："这我就不清楚了，当时我看不到他有什么新思想，只知道他的国学基础很好，文字学研究很深。他总是对我们年轻人讲他的文字学，讲中国的文字是如何起源的，如何产生的，中国的象形文字有什么特点、意义，还有很多的口诀，到现在我已记不清了。正因为他有这样的基础，所以他去了商务印书馆应聘，参加了《辞海》的编辑工作。我的舅舅们后来都受了西式教育，只有一个大舅舅国学基础很好，在书法、金石、诗词方面都有很深的造诣。"

费孝通青少年时期的中国不仅面临社会的快速转型，而且动荡不安。1920年，费孝通10岁，那时中国正在军阀混战，他的童年时期经常不断地逃难，曾从吴江城逃回同里老家。那时费孝通家是中等人家，每顿都能吃饱饭，还能吃点肉，但谈不上富裕。费孝通曾在家里负责记账，他记得当时每天吃七个铜板的肉。七个铜板是七十多文，每天吃米要花十几文，加上蔬菜的钱，一天要花一百多文的伙食钱。费家一共五个孩子，一个哥哥和一个姐姐都到苏州上学去了，只剩下三哥、四哥，还有费孝通。他在家最小，没有事干，妈妈就每天让他记账。每当哥哥、姐姐假期回来时，费孝通的妈妈就拿出账本让孩子们总结一下，账本上画了一个坐标，坐标上有几根线，最粗最高的一根红线，是家里支出的学费，按比例，教育经费是最高的。

后来费家这一代五个孩子在妈妈的培养下都受到了较高的教育，大哥费振东在上海南洋大学毕业，他是中国最早的共产党员之一。"五卅"工人大罢工，他是组织者之一。本来他要被送到苏联学习，但他去南洋（印尼）的一家报馆工作时，和当时的党组织失去了联系，算是自动退党，后来他就参加了民盟；姐姐到日本留学，学成回来后专攻缫丝和蚕丝业技术改革；三哥费青，大学时代在东吴大学学法律，后来到德国留学，中华人民共和国成立后，在北京政法学院（今中国政法大学）当教务长，是中国法律界的元老；四哥受舅舅的影响，学的是建筑设计，也是上海南洋大学毕业的，他曾参与了我们国家许多重要建筑的设计。

从费家的教育背景来看，在当时是比较新潮和西式的，但由于所处的时代还是传统时代，因此，费孝通的古文基础还好，有几篇文章是用古文字写的，写得还不错。但他认为，这是中文基础，不是国学基础。所谓的国学基础，要对中国的哲学思想有一定深刻的理解，他觉得自己在这方面的基础还不够扎实，研究不够深入。但总的说来，他是属于文化嫁接中的人。

笔者曾问过他，在青少年时期谁对他影响最大，他说是他的母亲。母亲是一位很新潮、很开放的人，她带头剪头发，办新学，讲究男女平等，注重孩子的教育，接受外来的新思想等。另外，他的姑母家也很关心他，姑父还专门到上海为他订了一份《少年》杂志，这份杂志引起了他对写作的兴趣，尤其是在上面发表文章后，对写作的热爱几乎影响了他的一生，这也是他在杂志上投稿的开始。从此写文章就成了他学生时代的最大爱好。高中毕业时，他写的文章还得了奖，学校奖给了他一块写着一行"国文猛进"字的银牌。

1928年高中毕业，那时费孝通的文章就写得不错了，这是他早年的中文基础。高中毕业后，他考上了大学，最早是在东吴大学学医，之后到清华大学研究生院学人类学。这是他青少年时期的大体经历，也就是这些经历决定了他的兴趣和以后学术的发展方向。

费孝通经历了20世纪初中国新学教育的一种模式，那时是私人办学，费孝通上的是东吴大学的附属中学，这是一所教会学校。教会学校是西方文化传播的一个重要方式，也就是说，西方文化最早进入中国是通过教育开始的。后来他进了清华大学到英国留学，那次留学用的庚子赔款的钱，实际上是美国人用中国的赔款，来资助中国的教育，其目的是培养具有西方思想的下一代中国人，以加深西方文化的影响，有很强的政治性。其结果是造就了一批接受了西方文化的先进知识分子，就是这批人发起了中国的五四运动，又从西方引进"科学"与"民主"的思想。

三、从医学到社会学

费孝通出生于1910年，虽然没有经历过五四运动，但他是被经历五四运动以后的中国知识分子熏陶出来的，在他的身上有中国文人士大夫的忧国忧民的情怀、学以致用的思想和以天下为己任的抱负，同时还受到五四运动留给中国对科学和民主的追求的影响。他的青年时期正是中国苦难深重的时代，救国救民，寻找中国富强之路也就成了他终生奋斗的目标。另外，他深刻体会到战争给人类带来苦难，所以他一生追求和平，痛恨战争。

正是早期经历中的所见所感，改变了他一生的学习追求，他曾于1928年进入东吴大学医预科学习，在那里读了两年书，于1930年转入燕京大学社会学系，师从吴文藻先生。

他之所以改变学医的初衷转而学习社会学，是因为1930年，在中国的历史上是一个大转弯的年代，中原大战，军阀混战。在那个混乱中求生存、求出路的时代，费孝通进入了大学。

那时，很多同他一样年纪参加革命斗争的人，被反动势力杀害了。当时对于青年人来说，"亡国"是一个很具体的威胁。正在东吴大学医学院学习的费孝通意识到，中国的问题不是一两个人生病的问题，而是中国会不会亡国的问题，实际上是一个"救亡运动"的问题。这个问题从30年代开始已经很具体了。费孝通就是在这个时候，带着要了解中国、救中国、不当亡国奴这样一种心情，来到未名湖畔的燕园。他常常自问：我能够做点什么事情呢？他说，我是个希望能够用科学知识来救国的知识分子；希望能够学到一些科学的方法来理解中国的社会、文化，能不能从这里边找到一条出路。

也就是在这样的背景下，费孝通在燕京大学念了三年书，三年里面自以为找到了一条路子，就是社会学要走中国化的道路，走这条路就是需要青年人带头下乡去研究中国社会。为什么呢？因为我们中国，人口最多的是农民，要认识中国，首先要认识中国农民的生活。这就是后来费孝通撰写《乡土中国》的最初动因。

也正是这样的想法决定了费孝通一生的学术起点，其中最重要的初衷就是用科学来拯救中国。对于费孝通来说，用社会科学来拯救中国比用自然科学更重要，因为中国的落后不仅是科学技术的落后，还是跟不上这千变万化的时代步伐的社会制度和封闭文化的落后。要做到这一点，首先就要了解中国社会，找出其病症的根源，这就成为当时费孝通学习的起点与目标。费孝通弃医而转入社会学，是希望以自己的学问来医治国家的社会病症，因此，其学习是有目标和方向的。也因此，忧国忧民，学以致用，以科学的方法研究中国社会，寻找中国发展道路，追求世界和平，就是早期埋藏在费孝通骨子里的"文化基因"，一生从未有过改变。他将来的所有学术思想都是从这里萌发、生长出来的。

另外，谈到他为什么学人类学，其中，医学的基础还是很重要的，因为他最初学的是体质人类学，里面的研究包括人种、人的体质、人的骨骼等，这都需要深厚的生物学基础知识。费孝通当时向在清华教书的史禄国（S. M. Shirokogoroff）学习体质人类学。史禄国在人类学界的名声并不很大，但在生物学界的影响却不小，他是从生物学的角度来谈文化的，在这个方面取得了很高的成就。这样的研究基础对费孝通后来的学术是有影响的，让他有了跨学科的视野。

正是这些因素开启了费孝通的学术生涯，并成为他一生奋斗的起点和终点，不论时代有什么样的变化，学术研究有什么样的进展和取得什么样的成果，隐含在他学术生命中的这些基因是不变的。

第二章　步入学术之门

一、初识社区研究

　　费孝通于1928年进入东吴大学医预科学习，在那里读了两年书，于1930年转入燕京大学社会学系读大学本科，就是在那里，费孝通遇到了影响自己一辈子的好老师——吴文藻。对一个初学者来说，老师非常重要，他就是你一辈子学问的引路人。

　　吴文藻1901年出生于江苏江阴，1917年考入清华学堂，1923年赴美国留学，进入达特茅斯学院社会学系，获学士学位后又进入纽约哥伦比亚大学获得博士学位，并荣获了校方颁发的"最近十年内最优秀的外国留学生"奖状。他是一个受过非常好的西学教育、在国际上有影响力的学者，并在国际上交友甚广，邀请了许多社会学、人类学的名家到燕京大学社会学系做讲座。

在燕京大学期间，吴文藻首先提出了社会学中国化的目标，还提出了将社会学、人类学合二为一的研究方法，并将这一方法应用于社区研究中。他对于社区的定位是：社区乃是一地人民实际生活的具体表词，它有物质的基础，是可以观察得到的。[①]其至少要包括三个要素：人民、人民所居处的地域、人民生活的方式。社区的单位可大可小，小如邻里、村落、市镇，大如都会、国家、世界，这一切都可以称社区。社区大致可分为：部落社区、乡村社区、都市社区。[②]社会学的"区位法"适合于近代都市社会的研究，人类学的功能法较适用于工业前期的各种社会的研究。[③]当时的中国社会形态尚逗留于工业前期，吴文藻率先提出，欲进行中国社区的社会学研究，必须效法人类学家那样居住于被研究的社区内，作实地精密考察，这种办法就是社会学上所谓的"局内观察法"。

当时，英国的人类学中的功能主义流派盛行，这一学派从研究部落的风俗信仰及历史中出来，以社会事实作为研究对象，并将人类学冠以社会人类学的名词，认为"发现事实和事实间的关系，乃是科学家唯一的职务"。那个时候，人类学家

---

① 吴文藻：《论社会学中国化》，商务印书馆2017年版，第432页。
② 同上书，第433页。
③ 同上书，第463页。

以科学家自居，他们想走出应用历史学观点，以抵抗心理学观点的民族学，认为社会学观点实则是采用心理学观点的旧派社会人类学。吴文藻特地邀请代表性人物之一的拉德克利夫-布朗（Radcliffe-Brown）到燕京大学来讲学。布朗的立场是将社会学与历史学分开：一面使民族学归为历史学的部分，不与社会人类学相混；一面又使社会人类学归为社会学的部分，不与心理学相混。但这样一来，功能主义流派的社会人类学几乎接近社会学，布朗干脆称其为比较社会学，与涂尔干、莫斯所代表的社会学派彻底打成一片。这一学派的定义便是应用自然科学的方法来研究社会学的科学。

功能学派的社会人类学本身就有很强的社会学因素，吴文藻又提倡中国的社会学研究应该结合人类学的研究，这样的观点几乎影响了费孝通一生做学问的方式。他既是中国社会学创始者之一吴文藻的学生，又是人类学功能主义领袖马林诺斯基的学生，因此，长期以来，他的学术始终是跨社会学和人类学两个领域。北京大学成立了以他为首任所长的社会学人类学研究所，他所指导的学生有社会学研究方向的，也有人类学研究方向的。

吴文藻提出来，要在中国开始这种社区研究，村落是最适当的单位。第一，绝大多数中国人是终身在村落里生活。第二，村落是面积较小的社区，极便于一二调查员，在一两年内完成一种精密考察的工作。①费孝通去英国前选取乡村作为自己的研究对象，从某种意义来讲也是受吴文藻的影响。

费孝通回忆那段生活时说："我们这些年轻学生，一心跟着吴文藻老师，想走他提倡的路子，我们热切地希望能下去搞调查，实地去看中国农民是怎么生活的。其实这个方法可以说是从五四运动开始的，它的道理是从五四运动时兴起的所谓'德先生'和'赛先生'这两个精神里找出来的。就是实证主义（empiricism），从实际出发研究现实……我们从哪里去找知识呢？要从实际里面去找，不要空谈，不要光用脑筋去空想，想出许多花样来，那是不行的。要去看，看了以后再用科学方法去证实，不光自己看了还要让别人看，看看对不对。用这样的方法才能开辟中国社会和历史研究的科学精神。这种精神的确立，还要归功于五四运动时那一批比我前一辈的学者们。"②

在吴文藻的提倡下，实地考察和社区研究成为当时中国社会学的一股风潮，这对于中国的文化界是一大冲击。传统的中国士大夫阶层对于民间生活从未深加研究，即使当时在国内的

---

① 吴文藻：《论社会学中国化》，第469页。

② 费孝通：《我对中国农民生活的认识过程》，载《费孝通全集》第十六卷，内蒙古人民出版社2009年版，第402—403页。

一些高校已发展出社会学和人类学专业，这样的传统仍然还影响着当时的学者。做学问不免因袭以往笼统的想法，好从大处远处下手，这样的传统，在中国的社会学、人类学领域里经过近百年的陶冶，已经有进步，但在其他的学科中还有不少残余。

吴文藻针对实地考察的研究价值，提出过自己的观点。他认为，第一，实地研究对于人类社会的理论科学，有很大的贡献。此种研究在社会科学中的地位，等于实验在物理科学中的地位。欲求一切社会科学的进步，必须善用比较方法。第二，这种实地研究，非但对于某种特殊社区，即研究对象，有更深刻的了解，有很大的实用价值，也可以为社会改革者和社会服务者，预备一种"学以致用"的健全基础。[1]这两点认识，尤其是后一点认识，可以说是影响了费孝通。费孝通的一生是致力于"学以致用"的一生，重视从实求知的一生，从"志在富民"到"富了以后怎么办"，从"生态"研究到"心态"研究，从关注世界"美美与共"的发展到提出"文化自觉"的理念，他的每一个学术里程碑，都是来自实地考察，都是为了解决中国人乃至全人类所遇到的重大问题。

---

① 吴文藻：《论社会学中国化》，第473—474页。

1980年费孝通获得国际应用人类学会授予的"马林诺斯基纪念奖"，在那次授奖仪式上，他发表了题为《迈向人民的人类学》的讲话。他说："我从正面的和反面的教育里深刻的体会到当前世界上的各族人民确实需要真正反映客观事实的社会科学知识来为他们实现一个和平、平等、繁荣的社会而服务，以人类社会文化为其研究对象的人类学者就有责任满足广大人民的这种迫切要求，建立起这样一门为人民服务的人类学。"[①]费孝通终生都是一位和平主义者，他希望自己从事的人类学研究能为"实现一个和平、平等、繁荣的社会而服务"，这也是他一生的追求。

二、认识功能学派

在读本科期间，费孝通系统学习了人类学的沿革及各流派的学术思想。在此基础上，他于1933年写了一篇题为《人类学

---

① 费孝通：《迈向人民的人类学》，《社会科学战线》1980年第3期。

几大派别——功能学派之地位》的论文，当时他只有23岁。在文章中，他对进化论学派、传播论学派、批评学派、功能学派进行了论述，论述完后，他得出的结论是：功能学派在人类学上贡献最大，而最基本的一点，就是将人类学从历史性质转变为科学性质。[①]他指出，功能学派认为文化非他，乃人类生活的方式。任何文化特质必须在人类生活中发生相当功能才能存在，不然就会遗失灭亡。这里所谓功能，就是指满足生活需要的能力。文化的整个性实是起于生活的整个性。功能方法承认生物需要的满足是包含着及能发达成一派生活必需品的体系。[②]他引用的这些话，有的没有写出处，有点接近马林诺斯基的观点，主要是从生活和生物需求的角度讨论文化的功能，而有别于布朗从社会结构与社会组织来讨论文化的功能。

费孝通对于功能学派实地考察的研究方法非常推崇，他在文章中写道："进化学派所以会铸下许多错误，归根还是在当时实地观察的困难，即使实地观察时，亦是走马看花，选择对于自己先定的理论相配合的材料加以摘录罢了。所以他们的结论每与事实相悖。功能学派的兴起，根本上亦是由于严谨的实地

---

① 费孝通：《人类学几大派别》，载《费孝通全集》第一卷，内蒙古人民出版社2009年版，第87页。

② 同上书，第88页。

工作。"① 为此，他还引用了马林诺斯基在《野蛮人之性生活》一书中对进化论和传播论的批评："进化论者对于一事发生乐趣，必要其为前代之遗俗，播化论者视之为由他地机械式地输入品。一置之于前代，一置之于他地。二者研究脱离实际活动的处境则相同。是故每一文化要素、概念、风俗、组织之方式、字汇，俱隔离于其原有结构，而配合于其幻想之格局中。"② 他引用这段话，证明他同意马林诺斯基的看法，并愿意以功能学派的方法去做研究，也的确如此，实地考察的方式是他终其一生都非常重视的做学问的方式，其志向在大学本科时就已经立下。

三、研究派克的理论

在燕京大学学习时，费孝通还有幸上了一个学期的来自美国芝加哥大学社会学系的派克（Park）教授的课。费孝通曾说，他一生有三个外国老师，他们在他不同的学习阶段都起过重要

① 费孝通：《人类学几大派别》，第89—90页。
② 同上书，第90页。

的作用，其中一位指的就是派克教授。派克是芝加哥学派的主要代表人物之一，创建了芝加哥大学社会学系，这是美国第一个社会学系。芝加哥学派则是20世纪美国社会科学领域最有影响的学派之一。派克往往被描述成美国社会学史上最有影响的人之一，他属于将社会学与社会心理学从"扶手椅"中解放出来，赋予其现实品格的第一批学者。这有点像功能学派在人类学发展史中所起的作用，也是将坐在摇椅上的人类学家们带入了田野，并确立了其在田野中的研究方法。派克出生于1864年，在1932年，即派克从芝加哥社会学系退休的前一年，他被吴文藻邀请来到燕京大学担任访问教授，为学生们上课。在此期间，派克曾经带着当时在读本科的学生费孝通到北京天桥去参观调研，希望学生能够从人们的实际生活中学习社会学。这种走出书斋的实地考察的研究方法影响了费孝通，同样，派克的许多学术观点也影响了费孝通看问题的角度。

费孝通晚年在文章中讨论了派克对于"人文区位"的看法。派克认为，这些称为"人文区位"的，都是偏重地位和流动，用以测量、描述以及解释社会现象的指数，以测量社会变迁以及社会解体。他反对在这样的过程中，仅用简单的统计法来研究社会和社会关系，物理科学所承认的变动只是原子在空间位置上的变动，一切性质的差别都归于量的差别，所以可以用数学的词汇来描述。人与人以及社会的关系中原来的单位——构成各种结合的男女个人——很明显是有变更的。[1]派克也不同意简单的生物刺激的理论。在他的理论中，个人的经验、个人的意识是不尽相同的，而且人与人之间的关系是存在社会距离的，每个人的关系不一样，其社会的距离感也会不一样。他问道：自我意识，胸怀城府，和在客人面前所有的羞怯究竟是什么意思呢？其实，这还是社会距离所造成的。只有在我们最亲切的朋友面前，我们才会完全没有顾虑地坦白，无所做作。只有在这种情况下，交流才是完全的，人与人的距离才完全消失。他认为，社会距离不能常以物质上的距离来衡量，是很明显的了。交流最大的障碍，还是在自我意识。[2]而且，世界是一个动的世界，有它的秩序，有它的特性。在这样的世界中，每个人都有他的社会身份，这种身份之间的距离就是社会的距离。费孝通后来在《乡土中国》中所提出的差序格局理论，就是受到此理论的启发。

费孝通读本科时曾写过一篇对季亭史的评述文章，在文章中他发表了对社会进化论的看法。他说，季亭史是斯宾塞的私淑弟子，虽没有及门受教，但是一切的哲学基础都传自斯氏。

① 费孝通：《派克及季亭史两家社会学学说几个根本的分歧点》，载《费孝通全集》第一卷，内蒙古人民出版社2009年版，第158—159页。
② 同上书，第161页。

斯氏是进化论的巨子，他的社会学不过是他进化论哲学应用到社会现象中的一部分罢了，社会进化论实是一种历史哲学。他是在解释历史，并不是在记述史迹，但是因受当时自然科学的影响，想在进化论上创立一种社会科学。而科学的对象，在他看来是社会变迁的历史。他和孔德（Comte）一样，想寻出普遍的社会变迁的阶段，依照这样的标准可以预测各地社会的变迁。他忽略了历史的特殊性和不复性，他虽然规定出进化阶段的大概情形，但依旧不能如愿地普遍应用于各地的社会。通过这样的学习和评述，我们可以看到费孝通对于社会进化论的立场。

　　费孝通在读本科的时候还翻译过一篇派克写的《论中国》的短文。在这篇短文中，派克写道："文化是一种传统的东西。我们每个人都生长在这里面。我们的语言，习惯，情绪和意见都是不知不觉的在这里面养成的。在相当程度之下，它是一种出于各个人的习惯及本能的传习。它表示在各个人的共同及团体生活中，并且保持着某种独立生存和显示着一种个性。这种个性虽经历种种时间中的变端，仍能持久地遗传于后代的各个人。在这种意义之下，我们可以说传统，习俗和文化，是一个有机体。中国就是这一种有机体。在它悠久的历史中，逐渐生长，并在地域上逐渐扩张。在此历程中，它慢慢地，断然地，将和它所接触的种种比较文化落后的初民民族归入它的怀抱。

改变它们，同化它们，最后把它们纳入这广大的中国文化和文明的复合体中。"[1]他甚至认为："中国是不能用西洋人所谓帝国或政治的个体来称呼的，它是一种文明；和欧洲或印度一般，而不是一种政治的个体，他们还没有达到休戚相关的程度，和成就集合动作的能力。"[2]派克的论述非常有道理，在传统的中国很少有国家的概念，而只有天下的概念，所以孔子说，四海之内皆兄弟。而且"它不仅是一个古旧的文明而且是一个已经完成了的文明。一切中国的东西，任何一项文化的特质——器具，习俗，传习，以及制度——无不相互地极正确地适合，因之，它们合起来，足以给人一种它们是一适合而一致的整体的印象"[3]。这样的评价非常到位，中国的经济在工业文明面前显得落后，但其文化却是一个早熟的文化。这个国家的知识分子虽然不关注劳动技艺，也不花心思去专研自然科学，但他们对社会规范的研究，对人与人之间的研究却是下了大功夫的。

派克是1932年夏天到燕京大学来授课的，到1933年的春天离开，一共在燕京大学授了一个学期的课，但这半年的课程对于费孝通后来的成长是有巨大的影响的。在讨论全球化的时候，

---

[1]　费孝通：《社会学家派克教授论中国》，载《费孝通全集》第一卷，内蒙古人民出版社2009年版，第133—134页。

[2]　同上书，第134页。

[3]　同上。

费孝通对于中国自古以来的"天下观"的思索，或许正萌芽于派克的课堂之上，而这种思索为当今世界提供了一种可以进一步思考和探讨的启发。

四、史禄国的体质人类学

吴文藻认为，发展中国的社会学应当走中国化的路子，所谓社会学中国化是以"认识中国，改造中国"为宗旨的，社会学必须从中国本土中长出来。为此他费尽心思要培养一批年轻学生做这件事。因此，他邀请了美国芝加哥大学的派克到燕京大学来做客座教授，传授实地调查的社区研究方法，还邀请了布朗来讲授功能派的社会人类学的研究方法，他的意图就是要用新理念培养一批年轻人。当时费孝通正好是燕京大学社会学系的学生，成了他看中的一个培养对象。吴文藻认为中国是一个传统的乡土国家，因此，社会学要研究中国就必须要与研究乡村文化与土著文化的人类学相结合，所以他希望费孝通本科毕业以后可以学习人类学。他想到了在燕京大学附近的清华大

学里教人类学的史禄国教授（以下简称史氏），决定让费孝通拜
在他的门下学习人类学。当时，燕京和清华两校是近邻，但是
要送费孝通去跟史氏学人类学却不是那么方便。吴文藻为此先
说服了清华大学社会学及人类学系的教授在1933年招收学人类
学的研究生，更重要的一关是要说服史氏愿意接受费孝通这个
研究生。这却是个不容易过的关，因为这位教授据说生性怪僻，
同人不易接近。为了要他愿意收这个徒弟，吴文藻特地亲自带
着费孝通去登门拜见。换一句话说，先得让他对费孝通口试一
番，取得了他首肯后，才能办理正规手续。

关于史氏的生卒年月，其中一种说法是"他1887年6月2日
生于Suzdal（俄罗斯），1939年10月19日死在'北京'……1910
年毕业于法国巴黎大学人类学院，回国后在圣彼得堡大学和帝国
科学院从事研究工作，1915年被选为该院人类学学部委员（时年
26岁或28岁）"[1]。费孝通是1933年跟他学习的，到1935年暑假，
刚学完他安排的第一阶段的课程——体质人类学，他们就分别
了。接着费孝通与新婚妻子王同惠去大瑶山考察，受伤回来后，
又到吴江开弦弓村做考察，1936年由吴文藻推荐去了英国。这样
算来，费孝通跟着史禄国学习的时间只有两年左右。

---

[1]　费孝通:《人不知而不愠》，载《费孝通全集》第十四卷，内蒙古人民出版社2009年版，第317页。

　　费孝通跟他学习的时间虽然不长，但对他的评价非常高。费孝通在文章中介绍：史禄国大约在20岁时进入法国巴黎大学，在当时西欧文化的中心，接受资本主义上升时期的实证主义思想的熏陶。他接受进化论的观点，把人和人所构成的社会和所创造的文化看作自然的一部分，企图用科学方法来探讨其发展变化的规律。

　　史禄国确是从当时欧洲学术最前沿起步的。当时欧洲的人类学还在研讨文化起源和发展阶段上徘徊，希望从"原始社会"和"野蛮人"中寻找到人类文明的起源。直到第一次世界大战之后才突破了这种"古典"人类学的传统。史氏就是在这时投身到人类学这门学科中的。他扬弃了坐在书斋里用零星收集的资料沿主观思路推论的那种历史学派和传播学派的老框框，采取了当时先进的亲身实地观察的实证主义的方法。从人类学的历史上看，他和波兰籍的马林诺斯基（1884—1942）、英国籍的拉德克利夫－布朗（1881—1955）和德裔美籍的克鲁伯（1876—1960），都是第一次世界大战之后初露头角的所谓现代人类学的创始人。这一代的人类学者基本上都走上了所谓功能论的路子。费孝通在这里把他归为功能论一派，主要是在研究方法上，他们采用的都是实地考察的实证研究的路子，在当时的人类学领域里，这是最新和最前沿的研究方法。

　　费孝通对史禄国的评价是：他所讲的体质人类学绝不限于体形学（人体测量学），而要深入生理现象，从人体形态的类型发掘其生理上的差异，一直到人体各部分生长过程的区别。如果停止在这里，还是生物学的范围。他在理论上的贡献也许就在于把生物现象接上社会和文化现象，突破人类的精神领域，再从宗教信仰进入现在所谓意识形态和精神境界。这样一以贯之地把人之所以为人，全部放进自然现象之中，作为理性思考的对象，建立一门名副其实的人类学。

　　正因为他把人类作为自然界演化过程中出现的一个阶段，费孝通认为史氏的眼光一直看到了后人类的时期。在读了史氏的理论后，一种感觉油然而生——宇宙本身产生了有"智力"的这种人类，因而产生了社会文化现象，其后不可能不在生物基础上又冒出一种新的突破而出现一种后人类的物体。这种物体所创造的世界将是宇宙演化的新阶段。费孝通觉得史禄国的研究非常深刻和超前，他是将人作为一个生物群种放在宇宙演化的空间中来思考。这是一个巨大的时空尺度，需要有许多的超前想法，所以，费孝通感到史氏和马氏相比，在思路上可能是前者高出了一筹。

　　虽然史禄国思想深刻，费孝通甚至认为他比当时人类学界的马林诺斯基都高一筹，但也许是由于语言与文字表达的原因，在清华大学知道他的人并不多，费孝通是史氏在中国唯一的及门弟子。他给费孝通规定了三个学习阶段，每个阶段用两个学年。第一阶段学体质人类学，第二阶段学语言学，第三阶段才学文化人类学。其间还要自学一段考古学。这个规划看来是重复他自己的经验。体质、语言、社会及文化和考古是他自己的学术基础程序。费孝通学完了第一个阶段以后，他听从史禄国的嘱咐去广西大瑶山调查当地的瑶族。临行前，史氏还为费孝通装备了全副人体测量仪器，并从德国订购了一套当时高质量的照相机，不用胶卷而用胶版。还特地为费孝通和同行的新婚妻子各定制一双长筒皮靴，坚实牢固，因为他知道西南山区有一种如北方蝎子一般专门叮人下腿吸血的"蚂蟥"，穿上这种靴就可以防害。他用自己田野工作的经验，十分仔细地给费孝通做好了准备工作。

　　费孝通在书中写道："当时谁也没有料想到就是由于这双皮靴竟免了我受一生残废的折磨。因为我们在瑶山里出了事故。一个傍晚的黄昏时刻，我误踏了瑶人在竹林里布置下的捉野兽的机关。当我踏上机关时，安放在机关顶上的大石块一下压了下来，幸而我向前扑得快没有打着我的头，而打在我的腰腿和左脚上。我腰部神经当即麻痹，而左脚奇痛，原来左脚骨节被重石压错了位。如果没有这双坚实的皮靴挡一挡，我的左脚一定压烂，如果流了血和感染了，这左脚也必然完蛋了，甚至我的生命也可能就此结束了。"①

　　费孝通晚年回忆史禄国对他的指导:"我跟史氏学习虽只两年,但受用却是越老越感到深刻。我在别处已经说过,如果要追究我近10年来城乡发展研究中所运用的类别、模式等概念,其来源应当追溯到我埋头在清华园生物楼里的两年。那时不是天天在找体型类型和模式么?至于我在民族学上提出的多元一体论更直接从史氏的Ethnos论里传来的。"②

五、结合西方理论思考中国问题

　　虽然学生时代的费孝通喝的都是洋墨水,但在他的心中想着的都是如何用这些西方的学术来了解和剖析中国社会,解决中国的社会发展问题。当时中国的城市化程度还不高,主要的问题还是乡村问题。工业化的进程一定是发展城市以带动乡村,所以考虑乡村的问题一定也要思考城市,尤其是要思考城市和

---

① 费孝通:《人不知而不愠》,第329页。
② 同上书,第331页。

乡村的关系问题。费孝通在本科毕业的那一年写了一篇《社会变迁研究中都市和乡村》的文章，他在文中指出：我们认为中国社会变迁中都市和乡村至少是有同样的重要。若是离开了都市的研究，乡村的变迁是不容易了解的。[①]

那个时候的费孝通虽然很年轻，只有23岁，但他敏锐地发现，社会变迁最重要的动力是各种不同生活形式的接触。"生活形式自身是一个抽象的东西，一定要靠人口的流动才能接触。所以归根社会变迁还是起于人口流动，人口流动非但使各个人能见到不同的生活形式，而且使个人遭遇新环境，要求新应付。"[②]其实，当时中国社会的变化就是一个人口流动的问题，在工业化的冲击下，乡村失去了手工艺和多种经营的副业，人口给剩余下来了，而工业化的发展致使城市要向乡村吸纳人口，在这样的人口迁徙中，社会的变迁就开始了。

一个没有人口流动的社会就是一个静止而没有变化的社会，但如何变？这也是费孝通在思考的问题，他在文章中写道："个人的生活方式除了极少数是自创者外，其余都是由群体的形式中学来的，群与群因人口流动而接触，群与群的接触使个人看

---

① 费孝通：《社会变迁研究中都市和乡村》，载《费孝通全集》第一卷，内蒙古人民出版社2009年版，第123页。

② 同上书，第125页。

到不同的生活形式，使他们自觉其生活，使他们有选择的机会。更因人口流动使群体遇到新环境，需要新应付。于是旧有的形式破坏，新形式发生，这就是社会变迁。"[1]我们如何理解社会变迁，从什么样的方向去推动社会变迁，首先就要去了解社会，做社会研究，而在做研究的过程中，我们首先要了解农民的想法和农民的处境。费孝通指出："我们只看见要知识分子下乡去的宣传，要改革这样要改革那样的呼声，但是我们绝没有机会听见一个调查农民态度的忠实报告。"[2]在这里我们看到，在那个时候他就立志要去乡村做研究，他的学术目标是早已立好的。

六、对中国人信仰的理解

马克斯·韦伯是德国著名的社会学家和哲学家，他将宗教看作一种动力，认为这种动力深深根植于各种宗教的心理联系实际的行动之中。他认为，在西方资本主义发展的过程中，宗

---

① 费孝通：《社会变迁研究中都市和乡村》，第126页。
② 同上书，第131页。

教在其中发挥了巨大的影响。当时，发生在西欧的新教改革原本是出自宗教动机，但新教伦理所表现出的现世禁欲精神和合理安排的伦理生活，却无意中促进了经济活动的开展，新教伦理赋予了经商逐利行为以合理的世俗目的。当时的口号是"按照上苍的明确昭示，人们不可安逸享乐，而唯有劳作方能增添上苍的荣耀""时光弥足珍贵。虚度一寸光阴就是虚度一寸为上苍的荣耀而效劳的宝贵时辰"。在抓紧时间劳动而带来荣耀的时候，也带来了金钱，由于是为了上苍的荣耀而工作挣钱，这多余的钱就成为资本，这些资本的再投入，促进资本主义的迅猛发展。于是，劳动与变得富有成为天职。但由于宗教的制约，西方许多挣了钱的大企业家，也常常将所挣的钱用来做慈善事业。他们认为，荣耀归于上苍。

　　为什么中国没有产生资本主义？对此，马克斯·韦伯的解释是：中国儒教和新教代表了两种广泛但彼此排斥的理性化，两者都试着依据某种终极的宗教信仰设计人类生活。两者都鼓励节制和自我控制，也都能与财富的累积并存。然而，儒教的目标是取得并保存"一种文化的地位"并且以之作为手段来适应这个世界，强调教育、自我完善、礼貌以及家庭伦理。相反，新教则以那些手段来创造一个"上苍的工具"，创造一个能够服侍上苍和造世主的人。这样强烈的信仰和热情的行动被儒教的美学价值观念所排斥。

韦伯主张这种在精神上的差异便是导致资本主义在西方文明中发展繁荣，却迟迟没有在中国出现的原因。儒教的理性主义意指理性地适应世界，新教的理性主义意指理性地支配世界。在这样基础上发展出来的两种理性是不一样的，西方是一种充满着"被救赎"热情的理性，而中国则是一种充满着实用主义的、与热情隔绝的理性。

但对此，年轻的费孝通却有不同的看法。1934年，当时他还在读硕士，就写了一篇题为《宗教热忱》的文章，"我们不敢相信中国民族中这种宗教热忱是没有根底的。一切能生存在世界上的民族，在底层里没有不是蕴藏着这一种伟大的生物力。何况我们已历几千年兀然独存的中华民族，若我们肯回头看一看，这种宗教热忱最明白，最透彻的表达者，除了我们的孔子还有谁？"[1]在这里，他和马克斯·韦伯一样相信宗教是一个社会发展的动力，但他不认为中国的儒教只是实用而缺乏热情，"儒家所宣示的人生态度实是任何民族维持其生命的根本要素。这精神就是生生大道，是看到了人类和社会的真相，而用以成全其生命的道理"[2]。

---

[1] 费孝通：《宗教热忱》，载《费孝通全集》第一卷，内蒙古人民出版社2009年版，第268页。

[2] 同上。

儒教有"其他宗教家所不能了解的，亦所不能及的地方，是一种深刻成全人生和社会的态度。而是一切常态的人民所同窟的根本精神"。这是一种更能与自然与人协调的精神，在儒教中没有神的概念，所以在一般人看来这是一种世俗的、没有超越性的信仰。但费孝通认为："西洋的宗教因为不能获得这种'知其不可为而为之'的诗意的陶养，所以不能不无中生有地幻像出一个一若真有其事的上帝来，假设出一个内容一若都可以描写的后世来，以维持这积极为人的精神。"这个时候的费孝通受到西方科学主义的影响，已从传统的宗教文化中走出来，并不相信某种超自然的力量和神灵，而中国的儒家正是一种入世的理念和信仰，这样的信仰比不能证实的虚幻的神或上苍更有力量。因而在他看来："当然根本上大家是同样的一回事，大家要立一个积极做人的根据。但是幻像假设迟早要失去它迷人的力量，当精神所寄托的偶像失去了神圣性时，人们所感到的幻灭将更加深刻。只有在生命中，自然中，去寻这种基础，才是根本的。才是永久维持人类社会的力量。"①

正因为如此，费孝通对孔子抱有一种崇敬之心，在他晚年的许多著作里都会引用孔子的名言，他的十六字箴言"各美其美，

---

① 费孝通：《宗教热忱》，第269页。

美人之美，美美与共，天下大同"就是来自孔子所追求的大同世界的理想。21世纪面对世界的风云变化、各种不同文明的冲突，费孝通希望出现一个新的孔子，给予世界一套和平相处的价值理念。可以说，对孔子思想的认识，在费孝通年轻的学生时代就埋下了种子。儒家追求的是大众的乐生，而大众的乐生是合于自然生生大道，也是以求重新组织适合自身处境的社会的一种伟愿。这样的大道和伟愿也是费孝通一生所追求的。他自己定义自己的社会属性是士绅阶级，文化属性是新学熏陶出来的知识分子。这样的定义使其具有了某种儒家信徒的意味，这种意味使其有一种"先天下之忧而忧，后天下之乐而乐"和"天下兴亡，匹夫有责"的使命与担当。当然另一方面，他更是一位胸怀世界，在中西不同文化下熏陶出来的知识分子。他把对祖国的热爱和热诚，同时洒向人类世界，其实这也是儒家"天下大同""天下一家"的胸怀。

七、研究志向的确立

　　费孝通那个时候就已经观察到了，中国乡村的问题就是乡村手工业衰败的问题，要复兴乡村首先要复兴乡村手工业。为此，他还写了一篇题为《复兴丝业的先声》的文章，文中写道："在江苏南部，浙江北部，太湖流域一带的农民，除了饭米之外的一切开支，是大部倚于蚕丝业的收获。虽说农村中重要的职业是耕地，但是耕地所得，免去了奇重的赋税以外，在丰年，只够一家人的饭米而已；收成不好的年头，连饭米还无着。但是什么东西维持着农民的生活呢？在江浙是蚕丝。若果真蚕丝是没有了希望的话，什么东西能代替它来维持农民的生活，是很难说了。若蚕丝是一条绝路，同时又没有继起的副业，江浙的农民将靠什么来生活？生活不了时，会引起什么样的扰动？这种扰动对于中国整个的运命，会有什么影响？这些问题，决不是杞人忧天之类，若不及早预防，迟早会逼到我们头上来的。"①他认为如果乡村的手工业没有了，农民的生计就没有了。这不是一件小事，而是关系到国家命运和前途的大事。所以他提出来，要使丝业能安定在农村中，使其成为维持农民生计的一项主要副业。在这里我们看到，把工业留在乡村的思考在他本科生的时代就萌发了，这样的思考可以说是终其一生的。他还认为："我们在实际工作之下，早已发觉建设中国远不是单纯

---

① 费孝通：《复兴丝业的先声》，载《费孝通全集》第一卷，内蒙古人民出版社2009年版，第248页。

的技术足够。对于社会机构的认识，和对于社会价值的鉴别，都是需要常备的能力。"[1]他深刻地感受到"我们的社会知识太缺乏。社会知识的缺乏，非但会引起不良的副作用，甚而会影响到建设事业的本身"[2]。

费孝通曾经指出："我们希望现在做社会研究的人，能详细地把中国社会的结构，就其活动的有机性，作一明白的描述，使从事建设的人能有所参考。"[3]他看到了在中国做社会学研究的重要性和急迫性，"我们工作的意义决不是限于使农民增加一些金钱上的利益。它是指向一种新的公平的社会组织，一种平衡的文化。或者有人会笑我们夸大，但是我们这一点信仰是必需的。在这信仰上，我们才能为国家，为我同胞服务"[4]。这几乎是一篇誓言性的文章，在这篇文章中，我们清楚地看到了他做学问的目标和志向，虽然这只是出于一位23岁年轻人的手笔，但这笔尖流淌的却是一位爱国青年的热血，为了这一誓言，他努力了一生，奋斗了一生。费孝通在文章结尾写道："我们相信，在这路上，会有不绝的继续者，而且要在这道路上，获到

---

[1]　费孝通：《复兴丝业的先声》，第255页。
[2]　同上书，第258页。
[3]　同上。
[4]　同上书，第259页。

最后的成功。在这方向，在这精神中，中国要在人类的历史上，再度的放着异彩。我们更相信一切真实在农村中工作的人，一定了解我们，给我们同情和助力！"①

---

① 费孝通：《复兴丝业的先声》，第260页。

第三章　初入田野——大瑶山

一、实地考察的起点

　　费孝通25岁那年，从清华大学研究院毕业。毕业后，他按照吴文藻、史禄国两位老师的意见到大瑶山做实地调查。两位老师认为，要认识中国的实情不容易，最好先到一个相对不同的社会里去取得一个参考体系（reference）。什么叫参考体系？费孝通举了一个例子解释：从小父母就教我们用筷子吃饭，我们不会感觉到有什么特别。用筷子吃饭是中国文化的特点，有人称之为"筷子文化"。西方人不会用筷子吃饭，用筷子得从头学一学，这对西方人来说是很新鲜的事。要懂得中国文化，得先学会用筷子吃饭，对西方人来说这不是一件小事情。我们的文化就是这样从小培养的，大家不太会去问为什么会这样。

很少有中国人会去想筷子是怎么来的，我们是怎么开始用筷子的，这中间有过什么变化，天天这样生活就会觉得生活自然应当是如此，不去多想了。也就是说，人们生活的方法都是学来的，叫作"学而时习之"，跟人家学了之后自己再做，把它重复出来就是了。行为成了习惯化，习惯化了就不去想了，不去理解它了。现在我们说的科学就是要把普通寻常的东西讲出个道理来，讲道理就是进入理性生活。这样的讲道理的研究就是人类学的研究方法。

费孝通到大瑶山调查一个完全陌生的社会，就是人类学中的进入"他者"的异文化研究。这对于年轻的他来说，是件很新鲜的事，也是他一生人类学实地考察的起点，这一起点在他的学术生涯中起着非常关键的作用。

二、婚礼与启程

从1933年到1935年，可说是费孝通一生中最难得、最平静恬适的生活阶段。费孝通就在这个时期和王同惠走到了一起。

王同惠也是燕京大学社会学系的学生，和费孝通在燕京当过一年的同学，但要低两个年级。

1933年秋季，费孝通进入清华大学读硕士，于是，从未名湖搬入了清华园。这一变化，用费孝通的话来说，是他这一生决定性的大事，决定了其后60多年的人生历程。他说："我的学籍虽然从燕京改成了清华，但是我的社会关系实际上并没有多大改变。未名湖和清华园本来只有一箭之遥。加上当时自行车早已是学生们通行的代步工具，两校之间，来往便利。这些社会和物质条件注定了我当时结识王同惠的因缘。"①

用费孝通的话来说，这段姻缘可以说是命中注定的，但也可以说得之偶然。两人相识时似乎并没有存心结下夫妻关系，打算白头偕老，也没有那种像小说或电影里常见的浪漫镜头。事后追忆，定要找个原因，也许可说是自始至终似乎有条看不见的线牵着，那就是在求知上的共同追求。牵住共同事业的那条线似乎比乡间新郎拉着新娘走向洞房的红绸更结实，生离死别都没有扯断。这段姻缘影响了费孝通的一生，他一直认为，自己这一生的学术不是为了自己而做，而是代表着两人在共同做研究，实现他们共同的学术理想。

---

① 费孝通：《青春作伴好还乡》，载《费孝通全集》第十六卷，内蒙古人民出版社2009年版，第25页。

　　费孝通和王同惠是燕京大学社会学系同系不同班的同学，按当时燕京大学的风气，同系的男女同学在各种聚会上有很多接近的机会，相互来往是件寻常的事，所以他们两人起初只是普通的相识，不涉情意。费孝通进入清华大学后的第一年，大约是1933年的圣诞节，他送了王同惠一件礼物，是一本新出版的关于人口问题的书。这是因为在节前的一次燕京大学社会学系的聚会上，他们有过一次争论。费孝通为了要说服她，借圣诞节的机会送了她这本书。费孝通到晚年回忆说："我至今还记得这件事，因为后来我俩相熟了偶然有一次闲聊时，她曾告诉我，是这件礼物打动了她的'凡心'，觉得我这个人不平常。这个评价成了我们两个人的结合剂，也就是牵引我们两人一生的这根线。"①

　　费孝通认为，王同惠也是不平常之人。作为老师的吴文藻对王同惠也有着极高的评价："我得识王同惠女士，是在民国二十三年的秋季，我的'文化人类学'的班里。二十四年春她又上了我的'家族制度'班。从她在班里所写的报告和论文，以及课外和我的谈话里，我发现她是一个肯用思想，而且是对于学问发生了真正兴趣的青年。等到我们接触多了之后，我更

---

　　①　费孝通：《青春作伴好还乡》，第26页。

发现她不但思想超越，为学勤奋，而且在语言上又有绝对的天才。她在我班里曾译过许让神父所著的《甘肃土人的婚姻》一书（译稿在蜜月中整理完成），那时她的法文还不过有三年程度，这成绩真是可以使人惊异。"[1]

费孝通回忆这段吴文藻的评语："做老师的对学生是否勤奋为学是可以在班里所写的报告和论文及课外的谈话里看得清楚的，至于'思想超越'评语中的内涵却不易体会。吴老师只提到她'肯用思想，对学问发生了真正兴趣'。但思想上越过了什么？我捉摸了很久，想来想去，还只能用她在我身上看到的'不平常'三字送还给她自己了。不是我回敬她的，是吴老师对她的评定。"[2]费孝通还特别敬佩王同惠的语言能力，只学了三年法文，就有能力和胆力翻译用法文写成的人类学调查报告。王同惠学习语言的能力确实超越了常人，一般大学生是做不到的，何况她又不是专门学习法语的学生。她翻译这本书正是在吴文藻的"文化人类学"和"家族制度"课上学习的时候，也正是她对这两门学科真正"发生了兴趣"，和她肯用思想的具体表现。

1934年至1935年，也就是在王同惠发现费孝通"不平常"

---

[1] 费孝通：《青春作伴好还乡》，第26页。

[2] 同上。

之后，他们两人开始从各不相让、不怕争论的同学关系，逐步进入了穿梭往来、"红门立雪"的知己关系。穿梭往来和"红门立雪"是指费孝通每逢休闲时刻，经常骑车到未名湖畔姊妹楼南的女生宿舍去找她相叙，即使在下雪天也愿意在女生宿舍的红色门前不觉寒冷地等候她。王同惠每逢假日也带着作业来清华园和费孝通做伴。那时，费孝通在生物楼二楼东边的实验室有个人工作室，特别幽静，可供他们边工作边谈笑。学习之余，他们还经常一起去清华附近的圆明园废墟和颐和园遨游。到了晚年，费孝通回想起来这段生活时，还感慨说："这确是我一生中难得的一段心情最平服，工作最舒畅，生活最优裕，学业最有劲的时期。追念中不时感到这段生活似乎和我的一生中的基调很不调和，甚至有时觉得，是我此生似乎不应当有的一段这样无忧无虑、心无创伤的日子。这些日子已成了一去不能复返，和我一生经历不协调的插曲了。"[①]

王同惠和费孝通接触频繁后，知道费孝通手边正有一本已完成而还没有找到出版着落的乌格朋的《社会变迁》的译稿，她就要去阅读。费孝通顺便建议她向图书馆借英文原本，边阅边校，作为他们两人合译本出版。王同惠主张她和费孝通两人

---

① 费孝通：《青春作伴好还乡》，第27页。

必须坚持对等原则，她告诉费孝通她正在翻译《甘肃土人的婚姻》一书，要费孝通同她一样，边阅边校将来做合译本出版。费孝通这时正在为清华研究院毕业时需要考试第二外国语发愁，他的法文刚入门不久，进步很慢，就同意对照原文，按她的译稿边学边抄，作为补习第二外国语的机会。就这样，他们的爱情中包含着有来有往、互相促进的对等关系。费孝通对这件事回忆说："我和同惠后来虽则已经生死相别，但精神上我们之间还是坚持了这个对等原则。她为我们共同的理想而去世，我就应对等地为我们的共同理想而生。这种信念也成了支持我一生事业的动力。"①

在费孝通考入清华研究院时，学校关于研究生的学习时间在章程上并没有加以规定。史禄国为费孝通制订了一个三期计划，每期两年，共六年。但到了1935年研究院作出了补充规定，修满两年就可以申请考试，考试及格可以毕业，如果成绩优秀还有享受公费留学的机会。史禄国经过多方面考虑，为费孝通出了个主意，让他修完两年的体质人类学后，申请考试毕业，去欧洲进修文化人类学，但出国前要花一年时间实习，去国内少数民族地区进行一次实地调查。当时，广西省政府为

---

① 费孝通：《青春作伴好还乡》，第28页。

"普及国民基础教育研究室"设立了研究特种民族调查（苗、侗、壮等）的课题。费孝通听从了史禄国的建议，由吴文藻设法联系到广西省当时的领导，帮他取得了去大瑶山考察的机会。

当费孝通把新的研究计划告诉王同惠时，她高兴得跳了起来，立刻主动提出要和费孝通一同去广西。她之所以会想到这个主意，就是因为他们一起合作翻译《甘肃土人的婚姻》这本书时，她曾经向费孝通说过：为什么我们中国人不能自己写这样的书？她一直想有机会写一本类似《甘肃土人的婚姻》的书。当相关方面接受费孝通去大瑶山考察时，她情不自禁地认为这是一个实现梦想的好机会。费孝通当然赞成她的想法。他们两个人一起去做调查工作，对工作太有利了。进行社会学调查，有女性参与会有许多方便，因为有许多事，单是男性是不容易调查到的。他们把同行的意思告诉了吴文藻和史禄国两位老师，二人都对此表示赞同和支持，但是考虑到他们两人要实现这个合作同行的计划，如果以同学身份出行，会引起非议和产生种种难以克服的困难。面对这个必须解决的问题，费孝通和王同惠不约而同地得出了一个答案，那就是如果他们结了婚，就不会和社会习俗相抵触了，这也就有了他们结婚和启程做研究同时进行的佳话了。

王同惠当时还是大三学生，她当即决定休学和费孝通一同赴广西考察。为了工作方便，他们决定提前结婚。1935年8月，他们在燕京大学未名湖畔临湖轩举行了婚礼，当时费孝通25岁，王同惠23岁。燕京大学的校长司徒雷登亲自为他们操办了婚礼，两个人的婚礼在清华和燕京引起了轰动。吴文藻勉励两人："王同惠和费孝通由志同道合的同学，进而结为终身同工的伴侣，我们都为他们欢喜，以为这种婚姻，最理想，最美满。"他又称他们为"这对能说能做的小夫妻"。费孝通晚年回忆道，这样的结合事后看来也确是"不平常"的，而且是可以使师友感到"令人欢喜"的，但是我们相识只有两年，结合只有108天，正如春天的露水一般，短促得令人难以忍受。天作之合，天实分之。其可奈何？①

两人结婚后，在太湖之畔小住，为广西的田野考察做准备。新婚第四天，他们就踏上去往南宁的旅途。蜜月之旅变成了艰苦的跋涉，两人于10月18日到达大瑶山腹地象山县南乡（后改属金秀瑶族自治县六巷乡）进行瑶族社会情况调查。两个初出茅庐的年轻人在大瑶山调查了四个月，深化了自己对中国文化多元性和复杂性的理解，收集了大量的有关花蓝瑶文化生活的一手资料。

---

① 费孝通：《青春作伴好还乡》，第28—29页。

三、在田野中认识中国的民族关系

　　费孝通在去考察的前一年就对中国不同民族人种做了初步的研究，并完成了一篇题为《分析中华民族人种成分的方法和尝试》的文章，他在文章中写道："中华民族，若是指现在版图之内的人民而言，是由各种体质上、文化上不同的成分所构成的。它是一个极复杂的丛体，经过悠久的历史中种种分化同化的作用，造成了这丛体现有的局面。分化同化的作用永远没有息止的在推进。"[1]在这篇文章中，他充分地认识到了中华文明是一个极其复杂的文化丛体，也理解了为什么吴文藻让他学习人类学。对于许多偏远的少数民族的考察，如果没有受过人类学的训练，几乎是很难完成的。

　　当时，费孝通在大学本科所接受的功能主义人类学教育，主要关注的是共识性的研究，对于历史性的时间维度并不关注。

---

　　[1]　费孝通：《分析中华民族人种成分的方法和尝试》，载《费孝通全集》第一卷，内蒙古人民出版社2009年版，第287页。

但所幸的是，他后来跟随史禄国读硕士，而史禄国作为人种学、民族学家，研究视野具有时间维度。因而，费孝通在认识中国多元的民族文化时也多了这样一个维度。他将中国多民族互动的历史看成是一个奔腾不息的巨流，而"要研究这巨流中各成分的分合、盛衰、兴替、代谢、突变等作用，势必先明了各成分的情形。所谓成分就是指构成这丛体的单位。在体质上有人种，在语言上有方言，在民俗上有各种不同的文化丛"①。

费孝通还认为，我们所谓人种分析，其实就是在寻求人民中各种体形特质的搭配方式。这种理论认识正是他到花蓝瑶去做研究的前期准备。费孝通到大瑶山做研究，相当于人类学家到遥远的异邦做他者的研究，这是一个很传统的人类学方法。他的体会是："一个生长在某一文化中的人，好像鱼在水中，很不容易得到一个客观的态度。在研究自己的心理状态时，自省法最是难用，所以'结构派'的学者要练习参禅般的受严格训练。"②也就是说，其到大瑶山做研究的最终目的，并非完全是要研究花蓝瑶的文化，而是要对自身的文化进行自省，而研究本身的文化亦是需要一番训练。训练的方法就是多观察几个和

---

① 费孝通:《分析中华民族人种成分的方法和尝试》，第287页。
② 费孝通:《花蓝瑶社会组织》，载《费孝通全集》第一卷，内蒙古人民出版社2009年版，第432页。

自身不同的文化结构。

费孝通还认识到，中国是一个多民族国家，不同少数民族之间的文化差异极大，而且它们与当地汉族及其他少数民族之间的关系极其复杂，常常是你中有我，我中有你。不但地域上有不同文化形式的存在，就是在一个形式中，内容亦极错综。费孝通去考察时，中国正在受到工业化的冲击，传统的社会正在解体，在其解体的过程中社会越加复杂多变，难以掌握，他更觉得应该"到边境上比较简单的社区中去，开始我们的工作"①。

在从事这一工作时，费孝通从最基本的社会组织和社会关系、生活习俗、生产生活方式入手，进行白描式的记录。在记录的过程中，他将其分为家庭、亲属、村落、族团及族团间的关系四个部分，其中家庭部分的内容最多，分了三个章节来完成，其章节多是因为其中的内容较多，婚姻、人口、习俗、生产生活方式都包括在其中。这当中比较复杂和难以把握的部分是族团及族团间的关系，笔者认为，这里的族团在今天的学界应该称之为族群。大瑶山是一个多民族地区，而且瑶族本身还有许多的分支：花蓝瑶、茶山瑶、板瑶、长毛瑶、过山瑶等。

---

① 费孝通：《花蓝瑶社会组织》，第432页。

这种网络中的族群单位永远是在流动中。它们的族群单位往往是以语言、文化、团体意识、内婚范围为区分的基础。但这些族群间因经济地位的相同和相异，经常会发生一种向心动向，就是相互间的影响和同化。这种现象不仅表现在相近的族群之间，也表现在他们和汉人的关系之间，若是汉族受外族的压力，在形成更大的"中华民族"的向心动向下，也常常会向诸瑶族群产生很强的同化作用。因此，中国历史上的汉族和少数民族的关系也是分分合合，相互影响与融合。

费孝通认识到，现在遗留在边境上的非汉族团，他们的文化结构，并不是和我们汉族本部文化毫不相关的。"他们不但保存着我们历史的人民和文化，而且，即在目前，在族团的接触中相互发生极深刻的影响。"①他的这些研究与体会，为他日后在学界产生巨大影响的"中华民族多元一体"理论打下了基础。

---

① 费孝通：《花蓝瑶社会组织》，第433页。

四、失妻的痛惜

在大瑶山的考察，费孝通的收获是巨大的，但损失也是巨大的。在考察中，费孝通误入陷阱，王同惠在寻求村民帮助的时候，失足坠崖溺水而亡。他们是1935年8月结婚后出发的，10月才到达大瑶山，12月16日王同惠遇难，考察工作被迫中断。1936年年初，费孝通在广州柔济医院疗伤，开始整理、编写《花蓝瑶社会组织》一书。他在给吴文藻老师的信中说："我不能尽保护之职，理当殉节；但屡次求死不果，当系同惠在天之灵，尚欲留我之生以尽未了之责，兹当勉力视息人间，以身许国，使同惠之名，永垂不朽。"[1]吴文藻得到王同惠去世的消息也非常惋惜与悲痛。当费孝通把《花蓝瑶社会组织》一书完成后，吴文藻亲自为其写序，在序言中写道："同惠是死了，然而孝通还在她的永远的灵感中活着，我们这一班研究社会人类

---

① 吴文藻：《花蓝瑶社会组织·导言》，载《费孝通全集》第一卷，内蒙古人民出版社2009年版，第438页。

学的人，也要在她永远的灵感中继续奋斗，并希望这灵感能鼓舞起无数青年，来加入，来填满这社会人类学的阵线。"①

王同惠去世后，费孝通写信给朋友们，回忆了王同惠在生前曾计划与他一起写一部《中国社会组织的各种形式》，那是一个庞大的计划。他回忆在她遇难的前一天晚上，他们两个人相对向着火，王同惠说："孝通，什么时候我们那部《中国社会组织的各种形式》能够出版呢，那时，我们相对抽一会儿烟是多么有意思。"②

这些回忆一方面让费孝通悲痛欲绝，另一方面又让他坚定信念，要完成他们共同的著作——《花蓝瑶社会组织》。"但愿同惠的灵能帮我把它写成一部值得流传的作品——《花蓝瑶社会组织》，也是我们所说《中国社会组织的各种形式》中的第1部。"③费孝通曾说，愿意用他一人的体力来做二人的工作。他也的确是如此做的，费孝通一生非常勤奋，除了学习与研究，几乎没有其他的嗜好，也许这就是他纪念王同惠的方式。他给朋友写信说："若是事业是人生中最宝贵的，那么同惠已留下了

① 吴文藻：《花蓝瑶社会组织·导言》，第438页。
② 费孝通：《关于追悼同惠的通讯》，载《费孝通全集》第一卷，内蒙古人民出版社2009年版，第371页。
③ 同上。

一本在中国民族学上开创的著作，若是我们所认定'从认识中国来改造中国'是救民族的正确的大道，那么同惠所贡献给民族的并不能说小了。同惠有灵当在微笑，那是我相信的。"[①]

正是在如此的动力下，费孝通在住院养伤期间编完了《花蓝瑶社会组织》这本书，这是他们合作出版的第一本书，也是唯一的书。王同惠虽然去世了，但她和费孝通留下的这部著作在中国人类学的学术史上写下了光辉一笔。费孝通为了纪念王同惠，还将唯一的女儿起名为费宗惠。费宗惠对人讲起王同惠，总是称之为同惠妈妈。也就是说，王同惠虽然去世了，但她的灵魂已经与费孝通合二为一了。

五、恩师的褒奖与训导

费孝通和王同惠到大瑶山考察前是以一场婚礼来壮行的，但去时两人，回来只剩一个人了。所幸并非空手而归，费孝通

[①] 费孝通：《关于追悼同惠的通讯》，第370页。

带回了考察资料，并将其整理出来交付出版。这本书出版之时，吴文藻亲自为其写序言，很有分量。序言主要讨论了如何做社区研究，如何通过社区研究认识中国的少数民族文化，乃至整个中国文化。笔者认为，这篇序言对费孝通日后的成长和做研究都是有很大的帮助的。

吴文藻认为，这部书首先是一部用我们所谓"功能法"来实地考察一个非汉族团的文化某一方面的一点收获。他就这部书讨论了做人类学的具体方法，是鼓励也是训导，更是帮助费孝通今后完善这次考察没有关注到的问题。他说，文化是一个有机的整体，发生作用时不是局部的，乃是全部的，当然不容加以人为的、机械的分割。文化实体固然是整个的，但是为了研究的方便起见，我们又不能不从这个复杂整体中之某一局部，例如物质文化、语言文字、社会组织、宗教美术之类，来做一方面的研究，以观察其间的相互关系。[①]这里讨论的是社区里的空间结构，但他认为时间结构同样重要，因为文化一面固有其地域性，一面尚有其时间性的认识，较之地域性的认识尤为重要，因为文化原为历史的产物，社区生活如果离开了时代背景就无法了解。[②]

① 吴文藻：《花蓝瑶社会组织·导言》，第439页。
② 同上书，第440页。

吴文藻还强调，在做社区研究时一定要注意其整体性。"社会生活的各方面都密切的相互关联而成一个整体，在研究任何一方面时，必须研究其他各方面的关系……在研究任何'风俗'或'信仰'的功能时，必须把社区看做一个统一的体系，然后来定它在这整个社会生活中所占的地位。"① 他认为，一个社区的社会生活基础，便是一个特殊的社会结构，亦就是由个人联成为一个集体的一组社会关系，所以社会的绵续，社会生活的绵续，必须依赖社会结构的绵续。这样的教导是否引发了之后费孝通《生育制度》的写作，我们就不得而知了，但是这种绵续关系的论述对费孝通肯定是有影响的。

吴文藻还谈到了研究少数民族文化的重要性。"我们之所谓功能的研究，乃是以比较的观点为工具的。大凡一个人永远只在一种文化环境之下过活，很不容易得到一个比较的观点；如没有比较的观点，就不容易发现问题之所在，更谈不到深刻的分析。比较社会学家对于文化论所以能有独特的贡献，也就是因为这一点。所以我们若要训练一个实地研究员，使他获得比较的观点，莫如让他先去考察一个和他本族具有最悠久亦最深长的历史关系，而同时却仍保有他在体质上，语言上及文化上

---

① 吴文藻：《花蓝瑶社会组织·导言》，第440—441页。

不同的特性的非汉族团。"[1]他认为，研究非汉族团所得的材料，不但在学术上有极大的价值，就是在中华民族立国的基础上亦将有它实际的效用。"科学研究虽非专以应用为目的；而并非专为应用的研究，往往于无意之中，能有重要的应用价值。并且每一科学，在它草创的时候，如能适应国家及社会实际的急需，常能得到迅速发展的机会，所以实用性的研究是科学所不可忽视的。何况我国眼前所处的特殊环境，更需要吾人特别注重有关国家及社会最迫切的实际问题的研究。"[2]在这里我们可以看到吴文藻是一个非常有远见，并对中国的文化历史具有全面理解的人。那个时候，民国虽已成立25年，而"民族国家"建设完成之期尚远。

"在中国境内，许多非汉族团和汉族迄未打成一片……在海禁未开以前，汉族在东亚大陆上，本处于领袖族团的地位，它拥有最多的人口，最大的领土，和最高的文化。势力所及，在满清武力统治之下，形成了一个政治上的大帝国。当这'大帝国'的向心动向，尚没有把许多复杂分子在语言，文化和意识形态上形成一个大族团单位的时候，已与欧美及日本等强有力的族团发生了直接的接触。在这接触日益密切的处境下，强邻因有扩张领土

---

[1]　吴文藻：《花蓝瑶社会组织·导言》，第442页。
[2]　同上书，第443页。

或霸占商场的野心，遂不惜利用我们各族间的隔膜，来分裂我们的国家，阻碍我们形成统一族团意识的进程。自外蒙独立，'满洲国'成立以来，四围的非汉族团，都已迅速的开始了离心的倾向，使我们本来希企的各族一统的大事业，遇到了空前的险阻，而国内的民族问题亦一天一天的尖锐化了。"①

不仅是民国时期，就是中华人民共和国成立以后，包括当下我们都还在面临这个问题，中国的民族问题可以说是中国所面临的最复杂的问题。当时吴文藻关注到了这一问题，并借费孝通出版《花蓝瑶社会组织》之际讨论这个问题，也是向国家提出这一问题。既然民族问题如此重要，就需要有学者"到边疆去"做深入的考察与研究，以提出方案解决中国的民族问题。但吴文藻认为，这不是一件容易的事。最困难的一点，是我们根本不明了非汉族团的生活实况。在没有相当了解以前，便很难提出"到边疆去""同化政策"。②也因此，他非常重视费孝通和王同惠的考察，他们当了先头兵，记录了事实，探讨了研究方法。同时吴文藻还认为："我们都认为要充分了解中国，必须研究中国全部，包括许多非汉民族在内，如能从非汉民族的社会生活上，先下手研究，则回到汉族本部时，必可有较客观的

---

① 吴文藻：《花蓝瑶社会组织·导言》，第443—444页。
② 同上书，第444页。

观点，同时这种国内不同的社区类型的比较，于了解民族文化上有极大的用处。"①

　　笔者想，中华人民共和国成立后，费孝通被国家安排做少数民族识别的领导工作时，吴文藻当年写的这些话，一定对他深有启发。而纵观费孝通的一生，其不仅有乡村研究，也有民族地区的研究，他的双脚几乎踏遍了中国西部的各个少数民族地区，这才使得他一生都有一个西部情结，因为在那片多民族生活的地方有他青春的梦，有伴随他一生的爱人的灵魂。

　　以上两章，叙述的是费孝通从大学本科到硕士研究生时期的学术思考，这些思考都是从他当时写的文章中了解到的。费孝通从18岁上大学，学了两年医科，到20岁进入燕京大学社会学系，后来进入清华大学研究院学人类学，在这期间，他虽然年轻，但遇到了不少世界级的名师，加之努力勤奋，不仅阅读量大，写的文章也不少。通过梳理，我们看到从1930年到1936年期间，费孝通已经打下了非常扎实的文献基础，将西方的社会学、人类学的知识与理论都阅读和消化了一遍，同时结合中国的现实问题，做了许多的思考。

---

　　①　吴文藻:《花蓝瑶社会组织·导言》，第436页。

　　1935 年，费孝通与王同惠一起到大瑶山做考察，王同惠不幸遇难，费孝通也身负重伤。1936 年初，在广州柔济医院，费孝通边养伤边整理《花蓝瑶社会组织》一书。6 月，他回到家乡，其间，到江苏吴江开弦弓村边养伤，边做考察。有了书本上的知识，有了在大瑶山的田野经历，再加上身处自己熟悉的家乡，费孝通在开弦弓村的考察时间虽然只有两个月，但收获很大，这为他接下来到英国攻读博士学位打下了良好的基础。

第四章 《乡土中国》的写作背景

一、《江村经济》中的乡村田野实践

（一）在全球化背景中研究村落的变化

费孝通的第一部乡村研究著作是业界都熟悉的《江村经济》，田野考察的地点是江苏省吴江县开弦弓村（今属苏州市吴江区七都镇）。虽然这个时候他还是个硕士研究生，但在燕京大学和清华大学所受的社会学和人类学教育，以及有过一次大瑶山考察的经验，他的调查还是卓有成效的。虽然只有两个月的时间，但他在调查中所获得的资料，支撑其完成了博士论文，而且具有相当高质量的水准。他的博士只读了两年就毕业了，我们不能不佩服他的天分和努力。

　　开弦弓村坐落在太湖东南岸，位于长江下游，在上海以西约130千米的地方，其地理区域属于长江三角洲。费孝通所选择的研究方法正是社区研究法。他把自己的调查限定在一个小的社会单位内来进行，以便研究者容易接近被调查者进行密切的观察。此外，被研究的社会单位也不宜太小，它应能提供人们社会生活的较完整的切片，而村庄就是这样一个合适的对象。为此，费孝通在论文中写道："村庄是一个社区，其特征是，农户聚集在一个紧凑的居住区内，与其他相似的单位隔开相当一段距离（在中国有些地区，农户散居，情况并非如此），它是一个由各种形式的社会活动组成的群体，具有其特定的名称，而且是一个为人们所公认的事实上的社会单位。"[①]

　　费孝通虽然写的是一个中国江南地区的小村庄，但他看问题有整体性的观念。他将其看成是一个与中国其他地区紧密相连的整体。"在中国，地方群体之间的相互依存，是非常密切的，在经济生活中尤为如此。"[②]也的确如此，中国从隋唐开始就凿通了连接黄河、长江以及各支流的大运河，通过水路将中国各地的经济连接在一起。而开弦弓村地处太湖边，离扬州也很近，四周河流岔口很多，是一个水乡之地，交通非常方便。

---

① 费孝通：《江村经济》，第72页。
② 同上书，第73页。

远在地理大发现时期前，这里的丝织品就通过水路被运到西方世界。有关这样的地理和历史的优势，费孝通在论文中也有所介绍："这个地区之所以在中国经济上取得主导地位，一方面是由于其优越的自然环境，另一方面是由于它在交通上的有利位置。该地区位于长江和大运河这两条水路干线的交叉点上。这两条水路把这个地区与中国西部和北部的广大疆土联结起来。作为沿海地区，自从通过远洋运输发展国际贸易以来，它的重要性与日俱增。该地区的港口上海，现已发展成为远东的最大城市。"[1]

在这样的描述中，费孝通将开弦弓村定义为与世界有密切联系的村庄。"赖特早在1908年写道：'白色生丝，即欧洲市场中的"辑里丝"，是中国养蚕农家用手抽制的……最佳生丝产自上海附近地区，该地区出口的丝占出口额的绝大部分。'"[2]这里提到的最佳生丝就有一部分是来自开弦弓村。在繁荣的时期，这个地带的蚕丝不仅在中国出口额中占主要比重，而且还为邻近的盛泽镇丝织工业提供原料，而在丝织业衰退之前，盛泽的丝织业号称"日出万匹"。[3]在费孝通的笔下，我们看到，

---

① 费孝通：《江村经济》，第75页。

② 同上书，第78页。

③ 同上书，第79页。

这个村庄不仅与中国其他地区紧密相连，也同世界经济产生紧密关系，出口贸易给当地农民带来相对富裕的生活。

直到20世纪，工业革命席卷全球，世界局势深刻地影响到了这样的一个江南的小村庄。在20世纪上半叶，中国人民已经进入了全球共同体中，西方的货物和思想已经能到达中国非常边远的村庄，西方列强的政治、经济压力是当时中国文化变迁的重要因素。[1]西方的工业化生产危及中国乡村的传统手工业生产体系，作为这一体系中的开弦弓村的蚕丝业自然遭到了前所未有的冲击。费孝通写道："由于世界经济萧条及丝绸工业中广泛的技术改革引起了国际市场上土产生丝价格的下跌，进而引起农村家庭收入不足、口粮短缺、婚期推迟以及家庭工业的部分破产。"[2]

（二）在村庄中理解中国与世界的关系

在这样的背景下，费孝通致力于尽可能全面地记录外来势力对村庄生活的影响。但有别于当时人类学的静态的部落研究，费孝通关注的是已经深深地卷入了世界大变局的文明体。这是

---

① 费孝通：《江村经济》，第73页。
② 同上。

一次东西方文明的大碰撞、大融合，原先中华文明结构精密的
"七巧板"在这一碰撞中开始散落，需要重组。这是中华民族遇
到的巨大挑战。对费孝通来说，如何描述这样一个文明体所遭
遇的变迁，如何思考由小村庄显现出来的世界性的大问题是很
重要的。这个问题就是：像中国这样一个古老的农业文明未来
如何加入世界性的大体系，如何与强大的西方文明并列而存在。
也许他思考了一辈子的"美美与共"正是在此时萌芽的。对于
这样的问题，以往的人类学没有范本，也没有真正完整的研究
工具。

　　在研究中，费孝通记录了开弦弓村的"村庄""家""财产与
继承""亲属关系的扩展""生活""农业""土地的占有""蚕丝
业""养羊与贩卖""贸易""资金"等内容，每个内容都是一个
章节的题目。其中，最引起马林诺斯基关注的就是"蚕丝业"。
这一章能够体现开弦弓村与世界的连接，体现工业革命给这个
小村庄带来的冲击，包含社会变迁和人口流动的状况。当年
费孝通在伦敦大学政治经济学院参加马林诺斯基的"席明纳"
（seminar，指专题研讨），立足于《文化动态论》，他们讨论最
多的也是有关社会变迁的问题。在笔者看来，这与费孝通手上
的这篇博士论文有很大的关系，这正是他当时思考的问题。

　　费孝通在书中记录道："蚕丝业是这个村里的居民的第二主

要收入来源，这是太湖一带农民的特点。农民从事家庭蚕丝业已有几千年的历史。"[1]然而，"现代制丝业的先进生产技术引进日本、中国之后，乡村丝业开始衰退。这一工业革命改变了国内乡村手工业的命运。""工业革命影响丝织业的力量同样使国内蚕丝市场随之缩小。市场缩小的结果带来了农村地区传统家庭蚕丝手工业的破产。"[2]这种市场的缩小是因为"战后世界经济萧条以及家庭缫丝质量不匀，不适合高度机械化的丝织工业的需要"[3]。另外，"世界经济的资本主义结构，帝国主义国家之间的斗争，被压迫国家的政治地位以及摩登女郎新近获得的赤脚审美观等等，这一切都可能直接或间接成为中国农村生产的生丝价格下跌的原因"[4]。

在这里，费孝通关注到西方的经济萧条竟然直接影响到了乡村家庭手工业的衰落。萧条的原因在于乡村工业和世界市场之间的关系问题。当然还有一个最重要的原因就是，机械化生产方式正在取代传统的手工业生产方式。当时开弦弓村的困境源自世界性的问题，要改变这样的困境只有一种方法，那就是进行改

---

[1]　费孝通：《江村经济》，第207页。
[2]　同上书，第79—80页。
[3]　同上书，第212页。
[4]　同上书，第213页。

革。但如何改？方向在哪里？这是费孝通思考的问题。这个小村庄的命运就是中国的命运，中国的命运就在这席卷全球的现代化中。中国的道路应该怎么走？中国现代化的路子在哪里？《江村经济》是费孝通一生思考中国问题的起点，同时也显示了他立足全球来思考中国的视野。在这个时候，他已经意识到了全球是一个整体，中国的问题也就是世界的问题。这可以说是一个超前的理念，那个时候学界还没有对全球化的普遍认识。

　　思考中国现代化的道路，费孝通认识到乡村要改革就必须有新的知识。他看到，中国知识分子自古以来就不参加社会生产劳动，导致占有新知识的群体没有直接使用知识，而需要知识的群体又没有机会获得知识。要使变革力量在村中起作用，中间必须有一座桥梁，这是很重要的。这个桥梁就是当地的、积极参加改革的知识分子。但是，乡村的改革赶不上城市的变化，费孝通在书中写道："近20年来附近城市机缫丝业的发展极快，城市工业吸引农村劳力，无疑这种人口流动对农村社区的传统社会结构是一种破坏性的力量。"[1] "农村居民只有离开农村才能改变他们的职业。换句话说，在目前情况下，职业流动意味着人口从农村流向城镇。"[2] "挣钱的人从一家的成员中分离出来，对亲属关系也

---

[1]　费孝通：《江村经济》，第231页。
[2]　同上书，第250页。

产生了实质的变化。"亲属关系以新的形式进行着重新组合，并将随着工业的变迁得到调整。"①"改进产品不仅是一个技术改进的问题，而且也是一个社会再组织的问题。"②

费孝通清楚地看到世界市场的改变，工业化城市化的发展，使中国成千上万的村庄，像开弦弓村一样，事实上已经被入侵者破坏。传统社会结构的"七巧板"正在被打破，或者已破碎。但年轻的他对自己的祖国并没有失望，他很坚定"在它们的废墟中，内部冲突和巨大耗费的斗争最后必将终止。一个崭新的中国将出现在这个废墟之上"③。这是一个来自古老文明的年轻人对自己祖国的乡村的描写和思考，这样的写作在当时的人类学世界中打开了一扇新的窗户，让西方的人类学家们看到，工业革命不仅带来了人类的进步，也造成了传统国家在转型中的阵痛。

进入英国伦敦大学政治经济学院学习后，除参加马林诺斯基的"席明纳"的讨论外，费孝通还在人类学和殖民地问题等方面选修了好几门课，这些课由马林诺斯基、弗思（Raymond Firth）和理查兹（A. I. Richards）三人讲授。虽然档案没有记载，但他很有可能旁听过其他学系著名学者如托尼（R. H. Tawney）、拉斯基

① 费孝通：《江村经济》，第233页。
② 同上书，第264页。
③ 同上书，第267页。

（H. J. Laski）和曼海姆（Karl Mannheim）的课，因为这些名字都在他以后的著作中反复出现过。尤其托尼的理论在费孝通的乡村系列著作和论文中不断出现，深刻影响了他的学术思想。

（三）来自马林诺斯基的评价

马林诺斯基对于费孝通的博士论文应该是满意的。他不仅让费孝通通过了毕业答辩，还为其博士论文的出版努力。众所周知，刚刚出炉的博士学位论文马上出版，这是不多见的，一般都需要再打磨一段时间。这一方面说明了费孝通博士论文的质量很高，另一方面也说明了马林诺斯基对费孝通的器重。

现如今，《乡土中国》这本书在中国成了一本十分畅销的社会学、人类学的书籍，已被列入了高中阶段必读书目中。其实，《乡土中国》的书名竟然是在伦敦时马林诺斯基定下的。也就是说，费孝通没有辜负老师的期待，回国以后不仅继续做研究，还出现了许多新的成果，这是后话了。

这篇博士论文在英国的出版奠定了费孝通在国际上的学术地位。马林诺斯基亲自为这本书作序，在序言中肯定了费孝通的努力。他在序言中写道："费博士著作中的原理和内容，向我们揭示了现代中国社会学派的方法论基础是多么结实可靠……通过熟悉一个小村落的生活，我们犹如在显微镜下看到了整个中国的缩影。"[1] "本书让我们注意的并不是一个小小的微不足道的部落，而是世界上一个最伟大的国家。作者并不是一个外来人，在异国的土地上猎奇而写作的；本书的内容包含着一个公民对自己的人民进行观察的结果。这是一个土生土长的人在本乡人民中间进行工作的成果。如果说人贵有自知之明的话，那么，一个民族研究自己民族的人类学当然是最艰巨的，同样，这也是一个实地调查工作者的最珍贵的成就。"[2]

《中国农民的生活》和以往欧美人类学研究的最大区别就是，由研究部落的土著人类学进入了研究具有悠久历史的文明人类学。马林诺斯基有句名言：人类学是对过分标准化的文化的一种罗曼蒂克式的逃避。费孝通的研究不是在逃避现实，而是直面自己祖国所遇到的种种问题，并希望以自己的研究去帮助解决这些问题。这些问题是东方文明与西方文明，传统文化与现代文化产生冲突而形成的，对费孝通来说，他要紧紧抓住社会矛盾的关键之处，找出在那样的时代引起社会变迁的关键点。马林诺斯基敏锐地看到了这一点："此书虽以中国人传统的

---

① 费孝通：《江村经济》，第281页。
② 同上书，第278页。

生活为背景，然而它并不满足于复述静止的过去。它有意识地紧紧抓住现代生活最难以理解的一面，即传统文化在西方影响下的变迁。作者在科学研究中勇于抛弃一切学院式的装腔作势。他充分认识到，要正确地解决实际困难，知识是必不可少的。费博士看到了科学的价值在于真正为人类服务。"①

1980年，费孝通到美国接受国际应用人类学会授予的该年度马林诺斯基荣誉奖时，发表了题为《迈向人民的人类学》的讲演，他记住了马林诺斯基所讲的"科学的价值在于真正为人类服务"这句话，这里的科学也代表了人类学，用人类学为人民服务，为推动人类社会发展服务。

在谈到中国当时的状况时，马林诺斯基坦言："'中国越来越迫切地需要这种知识，因为这个国家再也承担不起因失误而损耗任何财富和能量。'费博士清晰地看到，纵然有最好的意图和理想的目的，如果一开始对变化的环境有错误的理解和看法，那么，计划也必定是错误的。"②"费博士是中国的一个年轻爱国者，他不仅充分感觉到中国目前的悲剧，而且还注意到更大的问题：他的伟大祖国，进退维谷，是西方化还是灭亡？既然是一个人类学者，他毕竟懂得，再适应的过程是何等地困难。他

---

① 费孝通：《江村经济》，第278页。
② 同上书，第278—279页。

懂得这一过程必须逐步地、缓慢地、机智地建立在旧的基础之上。他深切地关注到，这一切改变应是有计划的，而计划又须是以坚实的事实和知识为基础的。"①

马林诺斯基也肯定了吴文藻在中国的工作。"约两年前，当我接待了燕京大学杰出的中国社会学家吴文藻教授来访，感到极大的欣慰，从他那里得知，中国社会学界已独立自发地组织起一场对文化变迁和应用人类学的真正问题进行学术上的攻关。这一学术进攻表达了我梦寐以求的愿望。吴教授和他所培育的年轻学者首先认识到，为了解他们的伟大祖国的文明并使其他的人理解它，他们需要去阅读中国人生活这本公开的书本，并理解中国人在现实中怎样思考的。正因为那个国家有着最悠久的没有断过的传统，要理解中国历史还必须从认识中国的今天开始。这种人类学的研究方法对于现代中国学者和欧洲的一些汉学家所进行的以文字记载为依据的重要历史工作，是一种不可缺少的补充。"②在这里，他不仅肯定了由吴文藻发起的到实地去进行中国社区研究的行动，同时他还提出了"中国学派"的说法，这是很大的褒奖。因为那个时候的中国社会学、人类学研究才刚起步不久。在马林诺斯基的眼里，费孝通并不是一

---

① 费孝通：《江村经济》，第278页。
② 同上书，第280页。

个人在做研究，而是属于由吴文藻带领的中国学术队伍的一员。

费孝通的《中国农民的生活》是第一部翻译成英文的中国人类学著作，之前从未有过学者用非常科学和客观的人类学方法去描述和研究过中国的乡村。当这本书进入西方人的视野中，也帮助西方学者了解了中国的乡村社会和乡村文化。马林诺斯基认为，费孝通的研究"对农村生活、农民生活资料、村民的典型职业的描述以及完美的节气农历和土地占有的准确定义等都为读者提供了一种深入的确实的资料，这在任何有关的中国文献中都是十分罕见的"①。

另一方面，在这项研究中不仅有空间的维度，还有时间的维度，这也促使马林诺斯基对历史和人类学关系重新思考。"至少我认为今后在微型社区里进行田野工作的社会人类学者应当尽可能地重视历史背景，最好的方法是和历史学者合作，使社区研究，不论是研究哪层次的社区都须具有时间发展的观点，而不只是为将来留下一点历史资料。真正的'活历史'是前因后果串联起来的一个动态的巨流。"②这一观点打破了以往功能主义不关注历史研究的传统，并对费孝通一生的研究都留下了

① 费孝通：《江村经济》，第282页。
② 费孝通：《重读〈江村经济〉序言》，载《费孝通全集》第十五卷，内蒙古人民出版社2009年版，第272页。

深刻的烙印，也使他在学术研究的过程中始终有一个时间轴的脉络隐含于其中。

二、在云南的调查研究

（一）再一次进入乡村田野

1938年10月，费孝通从英国启程回国。这时，日本人已经把中国的沿海地区占领了，云南的昆明成了西南大后方的中心。原来在北京、天津的几所大学都已经撤退到昆明，北大、清华、南开等学校联合组成了西南联大。清华的老教授、数学家熊庆来担任云南大学校长，邀请吴文藻到云南大学教书。吴文藻本来想在燕京大学试行牛津大学的导师制，为实现他提出的社会学调查工作继续培养人才，这个计划因战争的发生而落空。他和他同辈的许多爱国学人一样，不甘心在沦陷区苟且偷安，决心冒风险，跋涉千里到西南大后方，参与抗战大业。吴文藻于1938年暑期到达昆明，接受云南大学的委托建立社会学系。

　　费孝通从越南的西贡登陆，投奔吴文藻，并随即进入云南大学新组建的社会学系。在吴文藻的主持下，云南大学同燕京大学合作成立了一个社会学研究工作站，继续进行农村调查。后来在敌机滥炸下，这个研究工作站迁居昆明附近的呈贡魁星阁。"魁阁"因而成了这个研究工作站当时的通用名称。这里集中了一批年轻人，主要是清华和燕大的毕业生。正是在这里，从1938年至1942年，费孝通和他的助手张之毅完成了"云南三村"的调查，并在"魁阁"完成一系列的著作，其中包括《禄村农田》《易村手工业》《玉村农业和商业》。"禄村""易村""玉村"分别是指禄丰、易门、玉溪的三个村庄。

　　那个时候的费孝通不仅是一位学者，还是一名爱国的热血青年。回忆那段历史的时候，费孝通写道："我从西贡上岸经河内回归祖国。到达云南的昆明后，接着我就遵循马老师的主意，在滇池边上继续搞农村调查。其后，抗日战争结束后，内战发生，我开始投身民主运动。"[①]当时，马林诺斯基面对第二次世界大战的严峻形势，心头十分沉重。费孝通写道："'我们的现代文明，目前可能正面临着最终的毁灭'。他介绍我时强调我是个'年轻爱国者'，他对我能有机会成为一个'研究自己民

---

　　① 费孝通：《反思·对话·文化自觉》，载《费孝通全集》第十六卷，内蒙古人民出版社2009年版，第10页。

族'的人类学者，用自己的研究成果真正'为人类服务'，竟流露出'时感令人嫉妒'，甚至他表白对'自己的工作感到不耐烦'……这些话我现在看来正是一个寄寓和依托在拥有广大殖民地的帝国权力下失去了祖国的学者的气愤之词。但是为了表达他的信心，他紧接着又说：'我认为那面向人类社会、人类行为和人类本性的真正有效的科学分析的人类学，它的进程是不可阻挡的。为达到这个目的，研究人的科学必须首先离开对所谓未开化状态的研究，而应该进入对世界上为数众多的，在经济和政治上占重要地位的民族较先进文化的研究。'"① 马林诺斯基对费孝通的这一期待，一直影响了他一生的学术研究。在他1980年赴美国接受国际应用人类学马林诺斯基荣誉奖时，在讲话中，还重申了马林诺斯基对他的这一期待。

带着老师的期待，费孝通再次进入中国的乡村，完成了三个村庄中的《禄村农田》的调查，这可以说是《江村经济》的续编。在这次研究中，费孝通还是采取以村落为单位的实地观察方式。不同的是，《禄村农田》的叙论一贯的"以理论为经，以叙事为纬"，解释禄村人民利用农田而发生的现象。这本书的写作与以往他的《花蓝瑶社会组织》和《江村经济》的最大

① 费孝通：《反思·对话·文化自觉》，第10—11页。

不同在于，先有理论，再有考察。费孝通说："当我在编写《花蓝瑶社会组织》时，我曾极力避免理论上的发挥，甚至我认为实地研究者只要事实不需理论，所谓理论也不过是在整理材料和编写报告时，叙述事实的次序上要一个合理的安排罢了。民国二十五年在江村实地调查时，我还是主张调查者不要带任何理论下乡，最好让自己像一卷照相的底片，由外界事实自动的在上射影。这种方法论上的见解使那本《花蓝瑶社会组织》中埋没了很多颇有意义的发现。"①

布朗在燕京大学曾讲授："多年以来，人所咸知的社会调查，已倡行于世界各处，中国也已受了这风气的影响。我愿意向诸位贡献一点意见，指出另外一种不同的研究之可能性，这种研究我将名之为'社会学调查'。概括的说：社会调查只是某一人群社会生活的闻见的搜集；而社会学调查或研究乃是要依据某一部分事实的考察，来证验一套社会学理论或'试用的假设'的。"②费孝通认为，他所编的《花蓝瑶社会组织》，虽则挂了社区研究的名字，但其实还是一种社会调查报告。"《江村经济》可说是我个人从社会调查到社会学调查或社区研究的过

---

① 费孝通：《禄村农田》，载《费孝通全集》第三卷，内蒙古人民出版社2009年版，第4页。

② 同上书，第5页。

渡作品，而这一本《禄村农田》则至少是我想贯彻社区研究方法的一个企图。"①

也正因为如此，他在进入禄村前，就提出来考察的主题是现代工商业发展过程中农村社区所发生的变迁、土地制度中所发生的变迁。"禄村和江村正代表着两种形式。江村是靠近都市的农村，深受现代工商业的影响；而禄村则还是在开始受现代工商业影响的初期。"②他希望通过这种对比研究对不同类型的乡村的社会变迁，提出自己的看法和观点。

（二）禄村与江村的对比

对比研究是社区研究法和功能主义研究法的重要研究手段，费孝通研究的禄村是一个与江村完全不同类型的村庄，《禄村农田》的研究目的是说明禄村人民由利用农田而发生的一套社会关系，或称作土地制度。费孝通曾阅读过托尼写的《中国的土地和劳动》（*Land and labour in China*）这本书，托尼在书中写道："至少有些地方正发生着一种现象，就是离地地主阶级的崛

---

① 费孝通：《禄村农田》，第5页。
② 同上。

起。他们和农业的关系纯粹是金融性质的。"①这种现象常见于都市附近的农村中，他又说："住在地主在大都会附近的地方最不发达。那些地方都市资本常流入于农业中——广州三角洲上有85%，上海邻近地带有95%的农民据说全是佃户——住在地主最普遍的是没有深刻受到现代经济影响的地方。在陕西，山西，河北，山东及河南，据说有2/3的农民是土地所有者。这些地方是中国农业的发祥地，工商业的影响很小，土地的生产力太低，不足以吸引资本家的投资，而且农民也没有余力来租地。"②费孝通在书中写道："江村是个离大都会很近的村子，当天可以到苏州，一天一晚可以到上海。太湖流域又是有名的肥沃地带，所谓'上有天堂，下有苏杭'。因之，我觉得江村的材料，和Tawney的说法颇是吻合。于是当我写《江村经济》时，就把他的意见引用了。"③

禄村坐落在交通不方便的云南山区，和费孝通在江村考察时看到的乡村生活是有区别的。"在这里我们找不到一项重要的家庭手工业……所以农田在禄村不但是维持农民生计的主要力

---

① 转引自费孝通：《禄村农田》，第165页。

② 同上。

③ 同上书，第165—166页。

量，也是给农民利用劳力的主要对象。"①但是，"江村的居民并不是全靠农田上的收入来维持生计的，他们有很发达的手工业。他们所出产的生丝和生丝原料，并不是用来自己消费而是用来做向外运销的商品。这样，他们每家的经济情形多多少少受着都市工商业的支配。"②

在禄村调查的结果与托尼的说法不合了，托尼用内地"土地的生产力太低，不足以吸收资本家的投资"及"农民也没有余力来租地"这两点来解释内地都市资本不向农村流动的观点，似乎还有讨论的余地。费孝通在研究中发问，工商业发达和农村土地权外流有什么关系？他认为，工商业发达使农村市场上增加了工业品，靠近工商业中心的地带，因为交通便利，运费低，工业品更易充斥。农民购买工业品的数量增加，农村资金外流的数目也随之增加。可是用工业品去吸收农村资金，却有限度。因为农民对于工业品的需求，具有伸缩性。从另一方面来说，农民的消费品依赖都市供给的种类及数量的增加，还有一种意义，就是农村自给性的降低。自给性降低，即以前自己可以供给的消费品，现在不再由自己供给了。都市发达，工商业的现代化，使农村原有的手工业不能维持，

---

① 费孝通：《禄村农田》，第49页。
② 同上书，第1—2页。

这样减少了农家的收入，使农村除农产物之外没有其他力量来吸收都市资金。

"我国传统的市镇和现代都市是不同的。它不是工业中心，而是一辈官僚、地主的集合居处和农村货物的交易场所。在传统经济中，基本工业，好像纺织，是保留在农村中的。因之在传统经济中富于自给性的农村，是个自足单位。它在租税的项目下输出相当资金，而藉家庭手工业重复吸收回来一部分。乡镇之间，似乎有一个交流的平衡。平衡保持得住，土地权不会大量外流。现代工业发达却把这平衡打破了。手工业敌不过机器工业，手工业崩溃，农村金融的竭蹶跟着就到。"①

最后费孝通得出结论，农村土地权的外流和都市确有关系。可是这关系并不像托尼所说的，是因为靠近都市的农田生产力高，自然有吸收都市资本的倾向，而是靠近都市的农村，凡是有传统手工业的不易抵挡现代工业的竞争，容易发生金融竭蹶。换一句话来说，土地权外流不一定是靠近都市的农村必遭的命运，若是一个原来就不靠手工业来维持的农村，它遭遇到都市的威胁，不会那样严重。

由于农民依靠作为家庭手工业的纺织业来谋生，纺织业的

---

① 费孝通：《禄村农田》，第168页。

衰退也就导致了农民入不敷出的危机。农民只能出卖土地以免于饥饿。很明显，如果村里的经济条件稍好一点，农民们是不会放弃他们如此热爱的土地的。因而，看起来土地集中于市镇居民手里的主要原因是农村手工业的衰败。通过这样的研究，费孝通进一步认识到，中国乡村的衰败主要是手工业的衰败。

（三）工业化初期的乡村研究

费孝通这一时期做的研究，立足于工业革命前的乡村，也就是农业文明向工业文明转型时期，所以他非常关注的是人口与土地权的流动问题。地理位置不一样，人口与土地权的流动也是不一样的。"都市兴起，人口集中，并不会减少禄村的收入，因为禄村向外输出的是农产物，农产物的价格会因都市人口的增加而提高的。禄村的金融不致像江村一般，受现代工商业的威胁，所以禄村土地权不致外流。"[1] 所以，都市的兴起和工业文明的发展，对于禄村的影响，不在金融而是在劳力。都市固然不易吸收禄村的资金和土地权，可是无疑地，要来吸收

---

[1] 费孝通：《禄村农田》，第170页。

禄村的劳工。若是劳力吸收到了都市中去，禄村现有的形态不可能维持不变。这样的情景在20世纪80年代的中国，我们同样看到了。城市化的发展吸引了大量农民工进城，引起乡村劳动力的短缺，而导致农田的产量降低。

可以说，费孝通的《江村经济》和《禄村农田》都深受托尼的影响。费孝通认为，托尼的研究是建立在当时所能得到的数据的基础上，对1931年以前中国的经济形势所作的一个总结。所有的数据都来自其他调查者。托尼的结论的价值并不仅仅在于它所提供的事实材料，还因为它是在中国所发生的总体经济变迁——一个可以和发生在工业革命时代欧洲的变迁相媲美的变动的背景中来解释数据资料的。费孝通自己的研究也是在获取调查资料的基础上，考察中国面临的工业化的冲击。在这样的研究过程中，他也非常关注欧美国家工业化的利和弊，并以此来选择中国现代化的道路。虽然他在《江村经济》和《禄村农田》中没有详细谈，但我们可以在他后面的乡村手工业和乡村重建的思考中得以发现。

在此时，他已经对现代化的人类命运提出了质问。"现代文明——尤其是，对物质力量的强调，划破天空的飞机的轰鸣，以及为了开动机器和照明城市而生产电能的庞大电厂——的无情的冲击并不能掩盖持久存在的根深蒂固的历史传统。但是两者之间的桥梁并没有很好地建立起来。甚至连目光远大的人也无法确知我们应该为我们跨入机器时代付出多少代价。在这个实验室里我们将对发生在整个东方的变迁过程做一个扫描。"①我们看到，虽然费孝通研究的只是中国的几个小村庄，但他关注的却是整个人类的命运，尤其是进入工业化时代后，东西方如何融合的问题。他的研究是对整个东方文明从传统向现代变迁的一次透视，让我们清楚地看到现代化展开的过程。这正是人类学以小见大的研究特点。

三、乡村类型研究的讨论

当费孝通做完《江村经济》和云南的考察以后，他开始做理论总结，这一理论总结是从《〈云南三村〉英文版的"导言"与"结论"》这篇文章开始的。费孝通开始思考，如何用一种更系的方法来分类和组织他以及张之毅的考察材料。他

---

① 费孝通：《禄村农田》，第183—184页。

说，布朗教授多次提醒他的学生，一个田野工作者首先必须在自己的头脑里装备一个理论，田野工作的作用就是在检验这一理论。他还说，雷德菲尔德（Robert Redfield）教授在尤卡坦（Yucatan）的研究工作是这种类型的田野研究的最好例子。雷德菲尔德的著作不仅是对他所研究的四个社区的描述，仅仅表明它们是多么与众不同，而且他还努力使用一个从民间文化到现代文明的文化变迁理论来解释它们的不同之处。他对变迁过程的定义建立在这些社区内的具体观察的基础之上，并以能够在其他田野中加以应用和检验的概括性术语来表达。

受这些学者的影响，费孝通在做云南三村的研究时，注意了加入自己的假设和理论，同时还在研究的过程中注意做到对比研究。他将所研究的四个村庄围绕土地所有权，看成四种类型的社区，用来代表不同程度的土地集中状况。在禄村，大多数土地所有者就是耕种者本人，而且他们的农田面积很小；在易村，除了几个在别的村子也拥有土地的大地主，其余的都是小自耕农，村子里没有佃农；在玉村，与第二种类型正好相反，村子里有许多佃农，而大土地所有者则住在附近的市镇里。上述三个社区都在云南，而云南以外的江村，则是一个主要由租种大市镇上的不在地主的土地的佃农组成的社区，拥有比第三种类型社区更为发达的租佃关系。在费孝通看来，当通过比较澄清了影响不同类型的土地制度的因素之后，研究就达到了第二个层次，即解释的层次。[1]一般来说，记录观察还只是属于社会调查，只有达到了解释的程度才属于社会研究。

费孝通认识到即使是观察，人类学研究的技术也发生了变化，"强调的是使用当地语言进行直接访谈，强调直接参与当地人的活动，强调家谱学的（genealogical）、生态学的和定量方法的大规模使用"[2]。费孝通在考察的过程中，时时关注最前沿的研究方法，并将这些方法吸纳到自己的研究中。

中国的村庄很多，我们无法对所有的村庄都进行考察，对中国乡村的了解也不需要将所有的村庄都考察完。因为，可以使用"文化分类学"——即对类型的认知，以及把单个社区确定为这些类型的实例的方法。一旦类型建立了，单个的深入研究就成了某个社区类别的代表。费孝通认为："分类是由对某些关于功能相互关系或关于社会变迁的一般问题的兴趣所引导的。如果生物科学能够作为我们研究人类社区的指导，我们就可能认识到，如果一直局限于纯粹的描述层次，分类将不可能出现。事实上，正是对物种之间的差异的解释——比如，进化论——才导致了解剖分析的发展。只有当差异与一个普遍原则相联系

---

[1]　费孝通：《禄村农田》，第192页。
[2]　同上书，第189页。

时，它们才是有意义的，尽管这一普遍原则可能纯粹只是假设的。"① "……并不需要对中国的每一个村庄的彻底研究，因为大多数村庄都可以被归入已知的类型之中。"②费孝通的老同学利奇（Edmund Leach）教授曾评论《江村经济》：在中国这么大的一个国家，个别的微型的社区研究能否概括中国的国情？笔者认为，费孝通以上这些话就是一个很好的回答。

四、中国乡村的实质与出路

立足于长期对中国乡村的田野考察，费孝通对于中国的乡村有了较深的认识和思考。他对中国有了一个新的定性："一般人都认为中国是一个农业国。如果仅就农业是中国最主要的职业这一事实而言，确实是这样。但这并不意味着中国缺乏制造业，或只有很少的中国人才从事制造业。中国工业的落后是在技术上，而不是在从业的人数上。事实上，中国的大多数农民

---

① 费孝通：《禄村农田》，第190页。
② 同上书，第193页。

同时也是工匠。"①中国自古就绝非一个单纯的农业国家，而是一个"农工相辅"的国家。

在费孝通看来，凭着遍及各地的农村工业，中国同西方接触之前很久就做到了制成品的自给。"丰富的制成品不是在庞大的工业中心，而是在像易村和江村这样的成千上万的村庄里生产出来的。中国的传统工业是分散了的（diffused）工业——分散在无数的家院之内。这种分散不是为了方便，而是因为必需。从我们的分析来看，这一必需就是因为农村人口不能完全依靠他们土地上的产出谋生。造成这种分散的工业的发展的另一个重要因素可以在农业劳动力利用的特定特征中找到。农业需要季节性的劳动力。以现有的农田耕作技术来看，农忙季节所需求的劳动力是巨大的，而在一年的其余时节，田里并不需要任何劳动力。……农民们必须从事某种副业来消磨他们的闲暇时光。结果就是差不多所有能够分散的工业都分散了。"②正是这种分散化的乡村工业形成了中国社会和文化的特点。

但在考察中，费孝通也看到随着西方工业产品进入中国市场，中国社会正在发生剧烈的变迁。"我们已经能够看到现代工商业的发展已经消除了中国农民的某些职业。在这个例子中，

---

① 费孝通:《禄村农田》，第197页。
② 同上书，第197—198页。

由于运用土法纺成的纱与在兰开夏和曼彻斯特制成的棉纱相比成本高而质量次，因而村民们完全放弃了纺纱。随着运输条件的改善，在现代工业中心生产的机织布流入内地时，很快，就连玉村生产的家织布也将失去市场。同样的情形在江村看得甚至更为清楚，那里当地的缫丝工业在日本优质机制丝和美国的人造丝工业的竞争面前迅速衰败了。"①

"在这一背景下，托尼给出的一些结论开始变得深具启发性：看起来将会出现的，至少在某些地区是，与住在自己村子里的同他们的佃农在农事上保持着伙伴关系的小地主相并列，将会出现一个不在地主的阶级，他们和农业的关系纯粹只是金融性的。"②当"不在地主的阶级"出现之后，也就是乡村的乡绅阶层迁移进城市的时候，乡村由乡民和乡绅共存的传统结构就被打破了。另外，作为与西方机器工业相竞争的农村工业的衰败的结果是农村地区的经济萧条，是土地集中在少数人，尤其是市镇上的人，这样失地的农民将会陷入贫困，乡村的衰败就不可避免了。

当然，剩余的农村人口也可以转移到城市就业，这听起来确实像是一个很有希望的解决办法。但如果农村的劳动力也转

---

① 费孝通：《禄村农田》，第202页。
② 同上书，第203页。

移走了，中国的乡村还有希望吗？中国的农民就能过上好的生活吗？在这样一个国家实现工业化，路该如何走？这是费孝通在考察和写作中不断思考的问题。他认为："在这里我们并不关心工业的理想型，或者最有效的工业组织，而是关心一种适合农民大众的情况、适合逐渐恶化的情况的实际的工业类型。如果有机会，中国将不可遏制地工业化，牢记这一点也许很重要。但问题在于这一新的工业化是否对农民有利。答案取决于这一新工业采取何种形式。如果它按照最近几个世纪欧美的工业模式而发展——即，如果它集中于都市地区，并掌握在少数资本家手里——那么它只会更加剧农村人口的悲惨境地。因为它将冲击到村庄里所有的庭院工业，从而进一步减少农民的收入。这一进程最近几十年里已经发生了。以这种方式进行的中国的更进一步的工业化将只意味着工业所集中的财富将落入中外工业家的手里。""为了任何一种形式的工业发展的成功，我们必需按照提高普通人民——农民是其中最大多数的一群——的生活水准的能力为标准来找到一条解决这些问题的办法。"[1]

　　如何保持乡村不衰败？如何让农民不离开家乡也能提高自

---

　　① 费孝通：《禄村农田》，第206—207页。

己的生活质量？费孝通不同意将工业都集中在都市，"工业中的一部分必须分散（decentralized），建立在村庄或村庄附近的集镇；这样，工业利润就能在农民中间广泛地分配了"[①]。他提出了把部分工业留在乡村的想法。"力争在村庄里保持传统的工业实践是不现实的。我们所应该保留的是作为传统工业形式——即与中国农村情势相配合的分散了的工业——的基础的根本原则。"[②]

他的这个想法也是有根据的。早期的工业化之所以要集中化，是因为蒸汽动力的使用是现代体系发展的第一个主要步骤，它造成了制造业的操作程序在一个小区域内的集中，因为只有在一个大型工厂里才能经济地安排不同的操作，也才能够用皮带和轴承传动，因而也只能局限在短距离内。工厂及其相关活动因此被限制在一个相对密集的中心，成品从这里被运到蒸汽运输现在可以到达的较远的市场，但是随着长途运输的发展，一个相反的趋势出现了。工业布局现在扩展了，一个小型工厂的网络散布在一个广阔的空间，在某种程度上，代替了维多利亚时代巨大的工业组织。随着交通设施的完善和运输技术的全面进步，距离上的障碍日益减小了。小城市所曾经拥有的巨大

---

① 费孝通：《禄村农田》，第207页。

② 同上。

的影响逐渐被包容在巨大的都市带之内，在那里，纯粹地方性的事务变得越来越不重要了。

费孝通看到了分散式组织是未来的方向，而且现代的经济学也解释了为什么尽管分散模式被证明是更为经济的，但类似再组织所付出的代价是巨大的，所以在西方被采纳得很慢。而且在旧式工厂里的巨额投资阻碍了对新的技术进步的快速调适。中国是一张白纸，完全可能拥有从工业前沿而非后方起步的优势。制造业的分散并不是工业发展中的倒退，而是现代工业的普遍趋势，作为现代工业世界中的后来者，难道中国应该从旧的模式开始，然后才再去重新组织吗？[①] 费孝通的这一认识不是要保持传统不变，反而是要在传统的基础上去超越西方的工业文明。

另外，在那个时候他就已经看到了全球化的发展趋势。"假如存在一个合作的世界秩序，中国将没有理由致力于经济上无利可图的军事工业。如果她可以在一个稳定的世界秩序中恢复国民经济，她就能利用西方工业组织的长处，并以真正的消费者的需求以及以小型乡村合作组织为形式广泛分配利润为基础为她自己的工业制订计划。"[②] 他的这些想法即使放在今天，也

---

① 费孝通：《禄村农田》，第208页。

② 同上书，第210页。

是非常超前的。

　　总体来看，费孝通所关心的是工业化下广大人民的出路和生活的问题，关心的是大多数人的利益。费孝通到晚年总结自己的一生，就是"志在富民"，这样的思想根源我们在这里找到了。"志在富民"就是要用自己的学问帮助中国找到一条有利于广大民众的发展道路。当时的中国人大多数都是住在乡村，在费孝通眼里，农民就是他要关心和要帮助的人民。除此之外，费孝通坚信科学知识应该有助于促进人民的利益，并作为未来行动的指南。因此，在当时决定中国向何处走时，他提出来："请大家认识到我们现在正处在一个十字路口。无辜的中国农民的命运正掌握在那些将决定中国未来工业模式的人手里。然而，没有一个国家可以单独决定这一点；选择我们将生活在一个什么样的世界里是同全世界人民的广泛合作分不开的，因为正是这些公民们的观点最终决定了这一问题。"① 这就是费孝通花了七年时间在中国乡村田野中研究和思考出的一些结论和想法。

---

　　① 费孝通：《禄村农田》，第211页。

五、对于农工相辅中的"工"的理解

费孝通在翻译《昆厂劳工》时，写了一篇题为《昆厂劳工书后》的文章，主要是从劳动的价值意义、社会组织的关系与秩序方面讨论了工业文明带来的利弊。他在里面侧重讨论的是人与人之间的关系。工业革命所带来的不仅是生产中组织结构的变化，还有生产技术的变化，包括生产工具的变化。在农业手工业时代，工具是匠人的伙伴，但到了工业文明时期，人能与机器结成伙伴关系吗？如果不能，他们之间又是什么样的新的关系？

费孝通认为："机器所用的是无生能力，富有累积性和正确性。手工业用的是有生能力，限于一个人的，或若干人能加得起来的体力。这种能力不但不易累积，而且不易正确。机器生产因之超越了手艺生产。人工要和机器去竞争，真有如挑夫对飞机火车一般望尘莫及，若单就抽象的手工业和机器工业来讲，手工业确是处在不利到无法抬头的地位。"① 机器虽然带来高产和速度，但也有它不足的一面。经济活动是人的活动，必然是要以人为主。"人有他的尊严，人有他的目的。可是机器的利用发生一种反客为主的现象。从一个在机器上做工的人说，他的活动是在服侍机器。现代机器的发达，尤其在大规模的工厂中，劳工对于机器活动的目的已经不能明白，不必过问，甚至连机器活动的原理也可以不问，他只要按着所规定的动作去和机器配合就够了。这是机器文明中的一个极重要的发明：发明了生产活动，人和机器都在内，可以合理地配合起来，在最有效的方式中进行，人的活动可以规律化到和机器一般。这种把人的活动隶属到机器活动之下，是一个现代的观念，在这观念中曾创造了空前的效率。可是人毕竟是人，在一个人发现自身的活动没有了目的，成了另一个人或另一个东西的奴隶时，心理上必然会有衷心的反感。"② "一个人的健全生活须有一个生活上各部门的配合。这配合靠一个综合各种活动的目的。在现代机器生产中，因为机器的庞大发展，自身有了一个生产的目的，根据这生产目的配合了机器和人的活动。为了求合理化，参加这活动的人把他们一部分的活动，在被雇的一段时间中，在整个生活中分割出来隶属于这个超出于他所

---

① 费孝通：《人性和机器》，第49页。

② 同上书，第51—52页。

关心及所了解的生产目的之下。"[①] 现代工业为了生产过程中活动的配合牺牲了参加这活动的每个人的生活。这些人失去了完整的生活，不但影响到生产活动的效率，而且造成个人人格的失调和由这些人所组成的社会的波动和不安。费孝通认为，在这样的情况下，人和机器之间的关系并不融洽。

　　所有的劳动都是以人为主体，人通过劳动改造了自然，也改造了自己本身。但是机器诞生以后在生产劳动中人的主体地位开始被边缘化。费孝通说："这个制度中的基本精神并不是从人本观念上发生的。造成资本主义的固然出于生产力的膨胀，使人能在消费之余累积财富为再生产之用。可是若是生产的目的终究是在人的享受，则资本主义终必受限制。资本主义的能无限发展是因为在生产过程中生产本身是目的；生产，再生产，使经济活动的动力脱离个人享受而入于财富的累积本身，使利益成为决定生产的枢纽，推其极，使生产工具控制了人。在资本主义中与其说生产工具是私有的，其实不如说生产工具是自有的，因为握有生产工具的私人并没有支配它的力量，它是向着累积的方向而活动的。人和机器的失调，人和机器的成为奴隶和主人的关系中才发生真正的资本主义。"[②] 也就是说，在这

---

① 费孝通:《人性和机器》，第52页。

② 同上书，第52—53页。

样的生产劳动的过程中，人不再是主体，生产的目的也不再是为了人的愉悦，而是为生产而生产，生产得到的财富也不是归生产者所有，而是大部分给了企业主，生产者只能得到其中剩余价值的一部分。当时的费孝通在这方面的思考是有马克思主义色彩的。费孝通看到人的异化，在这样的生产方式中，机器不再是工具，人变成了机器的工具。"在这种情形之中，人和人的关系也发生了失调。很多人认为现代工业中人和人的失调是表现在阶级冲突中，其实所谓劳资的冲突不过是人和机器的冲突。"①

费孝通从人性的角度来解释和理解这一问题。在手工业中，人和工具的关系是：人是主，工具是客，在主客之间有一种伙伴精神。"一个手艺工匠十分爱护他的工具，因为他明了只有从他的工具里可以充分发挥他的手艺，表现他的人格。这是人对于物最正确的态度。人和物不是对立的，不像现代文明中，人和机器一般的隐藏着恶感；人和物是相成的，人在物里完成他的生活。"②在手工业里，不但人和工具有着伙伴精神，而且人在生产中具有一种表演的态度。"在生产过程中，一个工匠在完成他认为一件有意义的工作。也因之，一个工匠对于他的出品

---

① 费孝通：《人性和机器》，第53页。
② 同上书，第55页。

有期待，有满足。他可以在出品上刻着他自己的名字。出品的毁誉是自己的荣辱。这和一个现代工厂里的工人的心理很有差别。"①我们现在提倡的工匠精神就是一种手工精神，没有了手工也就没有了工匠精神，因为用机器生产的产业工人和用手劳动的艺人是不一样的。机械工人拥有的是技术而不是手艺，手艺和技术是有区别的。

由于以上的这些因素，"我们可以输入机器，可是也许绝不能输入社会方式，社会方式是要自己创造的，要在人民的习惯中生根，要能配合其他各种社会制度。我们主张在旧的传统工业的社会机构中去吸收西洋机器生产，目的就在创造一个非但切实，而且合乎理想的社会方式"②。"在表面上看来，那摩天高楼，那如梳的烟囱象征了现代文明的发达，但是从人和人的关系上看去，人类碰着了社会生活解体的危机。人是不能单独生活的，在单独生活中人会失去生活的意义。人之所以生活是为了别人，没有了对别人的责任，自己的生活意义跟着就会消失。这就是说个人人格的完整需要靠一个自己可以扩大所及的社区作支持。自从机器把人口反复筛动之后，它集合了许多痛痒不相关的人在一起工作。在他们之间只有工作活动上的联系，而

① 费孝通：《人性和机器》，第55页。
② 同上书，第51页。

没有道义上的关切。现代都市中住着的是一个个生无人疼，死无人哭的孤魂。在形式上尽管热闹，可是在每个人的心头有的是寂寞。他们可以有一个表面上复杂的共同秩序，可是并没有一个内心中契洽的共同目的。机器文明把社区生活的完整性消毁了。"①

中国人当时并没有经历过现代文明病，但这个时候在西方已经出现了许多对工业文明的反思。费孝通在西方生活过，又阅读过西方大量的相关文献和著作，他了解西方工业文明的利弊。他说："若是我们现在那种对于机器工业的好感发生在50年前，问题必然简单得多，原因是在那时西洋还没有人看明白机器文明的流弊。"②即便如此，大多数没有受过西洋机器文明苦处的人还是不会接受这些警告。但他认为："既有这种警告，至少也该使我们定神想一想，机器文明也许并不会引领我们上天堂的罢。"③"我们并不必因噎废食根本不要机器。西洋人利用机器发生的弊病正可以给我们东方人一个借镜，使我们利用机器时可以及早防范。"④此外，"利用机器时可以有不同的社会方

---

① 费孝通：《人性和机器》，第53—54页。
② 同上书，第46页。
③ 同上书，第54页。
④ 同上。

式，并不是一定要西洋朋友所走过的旧路而一成不变的"[①]。面对当时中国的问题，是先把传统经济精神破坏了之后再去设法恢复呢，还是在引用机器进入我们生产过程时就把传统精神保持住呢？费孝通当然是赞成后者。时至今天，我们还可以重新思考费孝通当年说的话，这对我们当前的非物质文化遗产保护、文化产业的发展等都有启发。

六、手工业与中国农民的生活

对于笔者来说，阅读费孝通的著作最大的收获就是，提升了对中国文化基因和基本社会结构的认识。笔者毕业于中央工艺美术学院（今清华大学美术学院）史论系，研究工艺美术史论。所谓的工艺美术就是手工艺，它的技术部分在传统的农业社会定格，能进入当代社会的就只剩下艺术了，但仍然是实用艺术，于是手工业变成了手工艺，从突出产业到突出艺术。笔

---

① 费孝通：《人性和机器》，第54—55页。

者长期关注中国手工业的历史和手工艺复兴的现状，但由于文献上的历史基本都是精英的历史，能够研究的，除了为宫廷服务的"百工"，就是为皇宫提供贡品的手工业城市，我们对于乡村手工艺的关注较少。读了费孝通的著作以后，我们才知道中国的手工业发达，实际上是有广大的乡村手工业作为基础的。中国是一个耕地稀少、人口众多的国家。春秋两季的种植，结果也不过是使一家人有一口日常的食粮吃，我们的农民并不能专靠农田生活。

"五亩之宅必须植之以桑，而且还要自己养猪养鸡，修网捕鱼，入山打猎，这样在男耕女织的传统农工合作方式中才能得到过得去的生活。几千年来，在这种小农生产中，手工业已成了农家经济中不能或缺的副业了。"① 可以说在工业革命以前，中国人的日用消费品是自给的。"中国从来不是个纯粹的农业国家，而一直有着相当发达的工业。可是传统的工业却并不集中在都市里，而分散在无数的乡村里，所以是乡土工业。各地依它的土产加工制造成消费品，日积月累，各种工业都有著名的地域。……制造工业分散在家庭里固然使中国传统工业在技术上不易进步，但却是一个传统经济中的重要事实，使普通土地

---

① 费孝通：《人性和机器》，第48页。

不足的农家可以靠这些家庭工业里的收入，维持小康生活。"①
笔者的观点是，在中国的历史上，乡村的手工业品不仅可以自
给自足，其还可以为当时的一些手工业城市提供半成品的原料，
费孝通考察的江村所生产的蚕丝就提供给附近的市镇作为纺织
丝绸的原料。正是因为中国乡村的这些发达的手工业，支撑了
中国整个手工业的发展。

　　唐宋元时期，中国的手工制品就被出口到亚洲、非洲各国，
部分转运到欧洲，到明中期欧洲地理大发现以后，中国的各种
手工艺品通过欧洲商船被运送到更多的国家。法籍伊朗学者阿
里·玛扎海里在其写的《丝绸之路》中记载：在19世纪欧洲工
业产品席卷全球之前，中国的物质产品一直是世界最优良的商
品，当时在海上和陆地上的丝绸之路中，商人们贩运的不仅是
中国的丝绸、茶叶、瓷器，还有铁器、铜器、漆器等，其中的
铜镜、铁锅、火钳都是从中国购买的。当时中国的物质文化影
响了整个的旧大陆。即使到15世纪以后，欧洲的商人也主要是
以中国的物质产品的贩运为主，而且自那以后中国的物质产品
才真正被全球化了，不仅深入了欧洲市场，还被欧洲人运送到
美洲和大洋洲市场。美国学者罗伯特·芬雷对此认为，从汉代

---

① 　费孝通：《乡土重建》，第67页。

一直到19世纪初，中国都是世界经济的引擎。当时中国是世界GDP最高的国家，它是世界的手工业工场。

也正因为如此，传统中国的社会性质可以定义为"农工相辅"的社会，其经济也可以定义为乡土工业在劳力利用上和农业互相配合来维持农工混合的经济。也因此，中国不仅可以定义为"乡土中国"，也可以定义为"手工中国"，合称为"农工中国"，这是费孝通给予笔者的思考。这一社会性质的定义非常重要，因为它里面包含了中国的文化基因，这一基因的发现对于中国社会和中国文化的未来发展是极其重要的。也正因如此，尽管人多地少，传统中国仍然能在和平时代维持不饥不寒的生活。在欧洲文艺复兴时期，中国便是欧洲人的榜样之国，他们所羡慕的不仅是中国不受宗教束缚的国体，还有礼仪之邦的文化，更重要的是有发达的经济以及强大的生产力。费孝通告诉大家说："中国几千年来并不是没有工业的国家。我们中国人民曾从手工业中获得我们生活上所需的各种制造品，在相当高的文化水准上并不感觉到严重的缺乏。"[1]

然而，19世纪末的工业革命和洋货的入侵改变了这一状

---

[1] 费孝通：《人性和机器》，第48—49页。

况，中国最重要的也是产值最大的手工业即棉纺织业首当其冲。中国农村长期以来的男耕女织的传统受到了挑战，遭受严重破坏的还有制靛、刨烟、踹布、晕油烛、木刻印刷等手工业。就连中国在古代闻名于世界的陶瓷手工业也在节节败退，沿海的广东陶瓷业，例如石湾、饶平、大埔、潮安等历史名窑虽然具有优越的制瓷条件，但在抗战前后仅以石湾一地而论，广大陶瓷工人迫于生活背井离乡，长期失业。而昔日驰名中外的"广彩"瓷器竟成为明日黄花。甚至号称"陶都"的江苏宜兴的"宜兴窑"，当时也多改业，几乎陷入人亡艺绝的困境。曾经是世界"瓷都"的景德镇除一些仿古瓷，以及一些名家工匠的艺术瓷还略有生机外，许多的陶瓷作坊因无法与机械陶瓷竞争而停止生产。

大量的洋货和技术进入中国，如火柴、制皂、铅石印刷、制西药、搪瓷、织袜、毛巾、油漆、日用化工以及电机、车船的修造等。"机器工业在大规模生产的方式下成本减轻了，品质提高了，土货成了个贬损的名词，洋气才是风头，骨子里不过是两种生产方法的优劣。费了较高成本制造出既不雅观，又不适用的土货，怎能在既便宜又漂亮的洋货旁争得购买者呢？土货的市场让给了洋货，在享乐上是提高了买得起洋货者的水准，可是同时却引起了乡村里无数靠着制造土货的工人们的失业。"①

当时失业的不仅是生活在乡村的手艺人，还有城市的手艺人，在乡村失业后尚且还有土地，但在城市失业的手艺人只能重新回到乡村种地。在传统的中国，手艺人虽然背井离乡到城市做手艺，其根还是留在家乡，其不会举家迁入城市，而是男性一人离家，老婆则留在家中种地带孩子和照顾公婆，男人在城市挣了钱寄回来养家糊口。但手工业的萧条断了他们在城市的生路，只能再次回到乡村种地。他们的回乡让乡村更是雪上加霜，本来就地少人多，土地养不活纯粹种地的农民。大家就可想而知，当时中国的乡村陷入了一个什么样的贫困之境地。

费孝通分析道，从理论上来说，农业和工业是相辅相助的。"人口集中在都市里，增加农产品的需要，促进工业原料品的生产，都市的繁荣也就是农村的繁荣。这个理论本身没有可以反驳的地方，可是在中国却不完全合用，原因就是在中国农民并不是专业的农民，而是兼营手艺工人的农民。"②还有一点是当时的费孝通没有注意到的，那就是中国自古不仅是一个"农工相辅"的国家，也是一个"城乡互哺"的国家。乡村不仅有自给

---

① 费孝通：《乡土重建》，第69页。
② 费孝通：《人性和机器》，第49页。

自足的手工业，还有与城市相辅相成的辅助业，一个传统手工业城市的繁荣可以带动周边许多乡村的繁荣。

笔者考察过景德镇的陶瓷手工业，它的生产的主体部分在城市，但许多的辅助业却分散在四周的乡村，窑柴、瓷土、釉果等原料的加工和物流运输都是由乡村提供。城市生产方式的改变，这些原料加工的方式也需要同步改变，尤其是洋货的进入，不仅乡村的土特产出不来，城市传统的手工业产品也在停摆。许多本来是农忙时务农，农闲时务工的农民，在农闲时找不到活干。因此，中国传统的"农工相辅""城乡互哺"的有机配合开始遭到了破坏。"都市兴起虽没有直接打击农业，但从手工业的桥梁上，这打击终于降到农业本身。"[1]其之所以会降到农业本身是因为中国的农民自古兼有农民和手艺人两重身份，手工业受到了打击，中国农民赖以为生的另一半经济来源就没有了。费孝通说："我们重视手工业的原因是在手工业一直到现在是我们最大多数人民所倚以为生的职业。手工业的崩溃是中国百年来经济的致命伤。"[2]"手工业没有了希望，也就等于说中国农村经济没有了希望。中国大部分人民是在农村里住的，所

---

① 费孝通：《人性和机器》，第49页。
② 同上书，第48页。

以也是中国大部分人民的危机。"①

"若是手工业的前途是无可挽救的，我们放弃手工业又必然要接受集中都市的机器工业，则我们的问题是如何在现代工业中恢复人和机器以及在利用机器时人和人的正确关系。"②这时费孝通已经看到机器生产取代手工生产几乎已经成为一个历史趋势，但在引进新的生产方式时，我们是否需要再三考虑手工业的某些合理性部分，以期在未来的发展中不至于把这些合理性的部分也都抛弃掉。

他在文章中写道："我们深切希望大家不要一口咬定说手工业是绝对没有出路，随之而兴的必然是都市的大工业。也许最切实同时最合宜的出路却是一个调和的方式，维持多数小工业在农村里，只在农村里容不下的工业才在都市中发展起来。至于如何可以在小工业里输入现代技术，那是要很多有技术知识的人耐心去研究的。我们农村经济的安定就得靠这一种人才，这种人得像传教士一般肯耐苦肯不求名利地把新技术传入农村，向农村输血，农村的繁荣才是中国的繁荣，也是中国政治局面安定的最有效的保证。"③"农村里的人利用农闲来经营手工

---

① 费孝通：《人性和机器》，第49页。
② 同上书，第56页。
③ 同上书，第58页。

业，更用男女分工合作来共同组织家庭，利用家有原料来制造日用品。这一切都充分表现了手工业的成全性，它是迁就人性的。它是加强社会联系的力量。"① 与此同时，"人和人之间的亲密合作，不能是临时约定，而需要历史养成……家庭又正是养成亲密合作的场合。在家庭和亲属关系里，'社会技术'最易陶养，以礼来规范生活的社会也最易实现。儒家想创造一个礼尚往来的理想社会结构，中国原有的亲属组织也就成这结构的底子了。"②

读到费孝通的这些观点时，当时有人会觉得他有某种保守的思想，但今天看来，这也许是走到西方工业化前面的一条大道。在七十多年前，人类虽然已经感受到了工业文明的某些弊病，但当时的环境污染、自然资源的被破坏、疾病的全球传播、恐怖主义的威胁等还没有像今天显得如此深刻。那个时代没有互联网、没有智能化生产方式的出现，也没有新能源和高铁，费孝通所理想的适合人性的、以家庭为单位的、具有亲和力的生产组织方式是不容易出现的。但在人类社会正在经历第四次工业革命的今天，费孝通当年的这些理想却完全可能得以实现。

---

① 费孝通：《人性和机器》，第56页。
② 费孝通：《乡土重建》，第7页。

当年，费孝通面对的工业文明还是建立在第一次工业革命即蒸汽技术革命的基础上的，在那样的时代是以蒸汽锅炉为中心，首先必须集中所有的设备。虽然后来进入了电力技术革命，工业化可以通过电缆将生产设备分散，但对于西方人来讲，改变已形成的都市集中化的传统格局是有困难的，因为那是整个社会体系的改变。而费孝通认为，中国才刚进入工业文明，完全可以利用电力化的技术将工厂分散到乡村。他认为，以后世界一定是一体化发展，中国在世界体系中可以找到自己应有的位置，着重发展轻工业。重工业虽然也很重要，但轻工业更有利于民生，而且轻工业的企业规模相对小，完全可以分散到各乡村中。今天看来，这些设想完全有可能实现，而且可以超出他的想象。20世纪90年代以后，出现了第三次工业革命，这一次是以计算机及信息革命为基础的，电脑和互联网的出现刷新了大家的传统思维。分散化、小型化的社会结构不仅可以实现，而且势在必行。因为工业化已发展到了一个瓶颈，要想有所突破，不是在原有的基础上缝缝补补就行，一定是大的社会结构的转型，这样的转型会让人类社会进入另外一个阶段，这个阶段是超工业文明的，甚至是超后工业社会的后农业社会。这个新的社会形态是集生态性、智能性、知识性于一体。尤其是21世纪，人类又进入了第四次工业革命，这是以石墨烯、虚拟现实、量子信息技术、可控核聚变、清洁能源以及生物技术为技术突破口的工业革命。

高科技的革命势必引发的是一场文化思想的革命。任何高科技的革命发展到一定的历史阶段以后，必然会引起一场大的社会结构和文化价值观的改变。科技可以一往无前地创新，但文化却往往要重新回溯传统，在传统中找资源和灵感。费孝通当年提出来的分散式的家庭劳动方式也许是未来伴随着高科技发展的社会形态之一。当互联网带来了远程办公、远程教育，当工业4.0的智能化生产体系和机器人的出现取代了传统的机械化生产的时候，分散化、小型化、网络化将代替工业文明的规模化、集中化和标准化。甚至，日后家庭式作坊、家庭式工作室、家庭式自媒体等都有可能出现。笔者在田野考察中发现了如此的趋势。未来的社会很可能是"高科技+传统文化+生态可持续发展"的绿色文明发展模式。不仅要有高科技，还需要有高感情，充分地考虑人性与人文。我们中国是否能率先发展出这样一种新型的文明发展方式，并与世界共享，这是目前笔者思考最多的问题，思考的起点正是来自费孝通的思想遗产。

第五章 《乡土中国》的关键概念

  继本土田野考察、中西比较以后，费孝通开始进入他的第三个研究阶段，那就是理论思考。从1938年在英国学成回国到1949年的十余年时间里，他先后撰写了《禄村农田》《生育制度》《乡土中国》《乡土重建》《皇权与绅权》等著作，并发表了一系列有关中国农村研究的论文，涉及中国农村地区的经济、文化、政治、教育等诸多方面。这些著作和论文的发表是建立在三四十年代他对中国农村进行的微型社区研究的基础上的。这十几年也奠定了费孝通一生的学术基础，是他高产并最具研究锐气的阶段，也是最有国际化视野的阶段。其间，他的成果大多被翻译成英文，被介绍到西方学界。

  其中，《生育制度》是以社会学方法研究一种制度的尝试，是围绕着社会中的人的再生产和不同代际的交替来写的，这是费孝通完成的第一部纯理论的著作。《乡土中国》是费孝通对于中国乡村社会结构以及与社会结构相配合的各种制度和原则的完整描述，这是一个似"七巧板"般精密而又合理的呈现，也是一种标本式的静态描述。在此之前，从未有过任何学者对中国的乡村社会有如此深刻的描绘，这是一本经典的著作。但是，当费孝通在描绘的时候，这个"七巧板"已经在松动，有的甚至散落了，费孝通将它们拼接在一起，让大家看到一个正在逝去的传统乡村社会。写完这本书后，他又写了一本名为《乡土重建》的小册子，在这本小册子里，其试图对这已经散落的"七巧板"进行重新拼搭，提出自己的看法。在这期间，他还写了《皇权与绅权》，这本书对中国的皇权制度作了非常有见解的解读，告诉人们很少有政权是单轨制的，一般都是通过双轨制来相互约束的，相对于西方的政教合一，中国采用的是政道合一。传统的西方是皇权与宗教相互制约，在中国是皇权与绅权相互制约。皇权代表的是政统，绅权代表的是道统。

费孝通的这些分析有他独到的见解，这些见解一方面是来自田野的社区研究，还有一方面是来自文献的阅读和中西文化的对比。这是费孝通前半生的集大成阶段，产出了不少高质量的学术论文，并在国际上获得了声誉。而时至今天，我们重新读这些著作和论文时，不仅感到亲切，还感到非常具有现实意义。民国时期，中国乡村遇到工业化冲击，产生了一系列的现实问题。费孝通对于乡村问题的分析以及他提出来的解决方案，或许对于我们今天的乡村振兴来讲，仍然非常重要。费孝通有关中国社会结构的研究，如"差序格局""无为政治""政道合一""双轨制""无讼""乡绅阶层""乡村工业"等概念对我们今天的乡村建设依然有着非常重要的指导意义。

一、有关中国乡村社会的静态描述

《乡土中国》是费孝通这一时期最有代表性的研究著作，虽然比《乡土重建》出版得晚，但写作却早于《乡土重建》。这本书是根据他开设的"乡土社会学"的课程讲义整理出来的，向读者们描绘了一幅非常清晰的中国传统乡村的社会结构画卷，这种描绘也具有抢救性。当时的中国正处于剧烈的变化之中，这里描绘的还是一幅发生变化前的图景。费孝通一方面通过田野考察深入社区的内部去加以了解，另一方面通过历史资料和文献去填补缺失的部分，同时还与西方社会对比来凸显中国传统乡村社会的特点。在他的研究中，我们看到的中国乡村有如下一些特点。

（一）安稳知足的乡土本色

费孝通认为，追求安稳，知足者常乐，这是中国乡村最重要也是最基本的价值观，这种价值观的呈现是与"泥土"二字分不开的。因为在乡下住，种地是最普通的谋生办法。而种地的人搬不动地，长在土里的庄稼行动不得，因此靠种地来谋生的人是黏着在土地上的。也因此，乡村里的人口似乎是附着在土上的，一代一代下去，不太有变动。……说乡下人土气，虽则似乎带着几分藐视的意味，但这个"土"字却用得很好。"土"字的基本意义是指泥土。乡下人离不了泥土，正因为如此，"土"是乡村人的命根。以农为生的人，世代定居是常态，迁移是变态。

费孝通形容得非常形象："农业和游牧或工业不同，它是直接取资于土地的。游牧的人可以逐水草而居，飘忽无定；做工业的人可以择地而居，迁移无碍；而种地的人却搬不动地，长在土里的庄稼行动不得，侍候庄稼的老农也因之像是半身插入了土里，土气是因为不流动而发生的。"[①]"不流动是从人和空间的关系上说的，从人和人在空间的排列关系上说就是孤立和隔膜。孤立和隔膜并不是以个人为单位的，而是以住在一处的集团为单位的。"[②]这里的集团指的是村庄，乡下大多数农民是聚村而居。最小的村庄可以只有一户人家。夫妇和孩子聚居于一处，有着两性和抚育上的需要。

"甘其食，美其服，安其居，乐其俗。邻国相望，鸡犬之声相闻，民至老死不相往来。"这是老子描绘的农业文明之生活，他认为只有这样的生活才是安稳理想的状态，这种状态就是村与村之间是有隔膜的。当然，"孤立和隔膜并不是绝对的，但是人口的流动率小，社区间的往来也必然疏少"[③]。地方性是指他们活动范围有地域上的限制，在区域间接触少，生活隔离，隔壁保持着孤立的社会圈子。游牧的人可以逐水草而居，而种地的人却搬不动地，被土地和庄稼捆绑一生。乡土社会在地方性的限制下就成了生于斯、死于斯的社会。这是乡土社会的特性之一，也就是这种特性构成了乡村人求安稳的特性。

---

① 费孝通：《乡土中国》，第3页。
② 同上书，第4页。
③ 同上书，第6页。

乡土另外还有一个特性就是"知足"。土地的资源总是有限制的，而且还会随着人口的增加而递减。在这样的情况下，农民们总是精耕细作，利用有限的资源养活生活在这片土地上的人。生活在这片土地上的人，并不是完全不迁移，一片地上只要几代繁殖，人口就到了饱和点，过剩的人口只得宣泄出外，负起锄头去另辟新地。可是老根是不常动的。这些宣泄出外的人，像是从老树上被风吹出去的种子，找到生存的土地了，又形成一个小小的家族殖民地，找不到土地的也就在各式各样的命运下被淘汰了，或是"发迹了"。费孝通说："我在广西靠近瑶山的区域里还看见过这类从老树上吹出来的种子，拼命在垦地。在云南，我看见过这类种子所长成的小村落。"[1]尽管土地可以离开，但毕竟迁徙到其他地方垦荒种地、建立村庄是件不容易的事情，所以村庄的大多数人都会利用现有的土地，维持安稳的生活，并且保持一种"知足"的心态维持一种节俭文明的形态，这与工业文明的浪费是不一样的。

---

[1]　费孝通：《乡土中国》，第4页。

（二）熟人社会

　　费孝通称安稳不变的乡土社会为熟人社会。熟人社会的形成是村里人历世不移的结果，"人不但在熟人中长大，而且在熟悉的地方上生长大。熟悉的地方可以包括极长时间的人和土的混合"[①]。"时间的悠久是从谱系上说的，从每个人可能得到的经验说，却是同一方式的反复重演。同一戏台上演着同一的戏，这个班子里演员所需要记得的，也只有一套戏文。他们个别的经验，就等于世代的经验。经验无需不断累积，只需老是保存。"[②]"不知老之将至"就是描写"忘时"的生活。"乡土社会中不怕忘，而且忘得舒服。只有在轶出于生活常轨的事，当我怕忘记时，方在指头上打一个结。"[③]这里的人每家每户都知根知底，谁家女儿生孩子，谁家儿子娶媳妇，谁家婆媳关系如何，全村的人都知道。费孝通说："在熟人中，我们话也少了，我们'眉目传情'，我们'指石相证'，我们抛开了比较间接的象征原料。而求更直接的会意了。所以在乡土社会中，不但文字是

---

① 费孝通：《乡土中国》，第25页。
② 同上。
③ 同上书，第26页。

多余的，连语言都并不是传达情意的惟一象征体系。"①

"从语言变到文字，也就是从用声音来说词，变到用绳打结，用刀刻图，用笔写字，是出于我们生活从定型到不定型的过程中。在都市中生活，一天到晚接触着陌生面孔的人才需要在袋里藏着本姓名录、通信簿。"②借钱需要打借条，做生意需要订合同，但在这熟人社会里，个人的声誉就是借条，而且每个人都会爱护自己的声誉和面子，因为一旦失去了声誉和面子，在这熟人的群体里就没有办法生存。所以在这里，人情大似天，宁愿自己家节省点也不愿欠别人的人情。笔者曾在贵州的苗寨做考察，曾经计算过当地苗寨的家庭开支，发现其中最大的开支竟然是人情往来。在那样的社会中，人情实际上是一种互助，遇到结婚、盖房子、葬老人等需要大的开销时，实际上就是靠这种人情送礼来解决的。别人有事时你不送礼，当你有事时就没人来了。

费孝通认为，语言足够乡土社会传递世代间的经验。"时间里没有阻隔，拉得十分紧，全部文化可以在亲子之间传授无缺。"③在这样的社会里，文字都是不需要的，每个人抬头不见

---

① 费孝通：《乡土中国》，第18页。
② 同上书，第26页。
③ 同上书，第27页。

低头见，天天见面的人是不需要文字的。"在面对面的亲密接触中，在反复地在同一生活定型中生活的人们，并不是愚到字都不认得，而是没有用字来帮助他们在社会中生活的需要。"[1]反过来也可以说，进了城市，人就生活在了陌生人的空间，人与人之间的流动加速，社会距离拉大以及需要信息的沟通，所以文字才变得重要起来。文字是为陌生人的社会服务的，在乡村的熟人社会里，文字是多余的。费孝通说："如果中国社会乡土性的基层发生了变化，也只有发生了变化之后，文字才能下乡。"[2]

（三）差序格局

差序格局是费孝通的著作里最引人关注的一个探讨中国社会关系模式的理论。为了对中国的社会关系模式有一个形象的解释，他首先对西方社会的人际关系作了一个形象的比喻，西洋的社会有些像我们在田里捆柴，"几根稻草束成一把，几把束成一扎，几扎束成一捆，几捆束成一挑。每一根柴在整个挑里

[1] 费孝通：《乡土中国》，第28页。
[2] 同上。

都属于一定的捆、扎、把。每一根柴也可以找到同把、同扎、同捆的柴，分扎得清楚不会乱的。在社会，这些单位就是团体"①。他认为，西方社会的结构是一种团体格局，中国的格局不是一捆一捆扎清楚的柴，而是好像把一块石头丢在水面上所产生的一圈圈推出去的波纹。"每个人都是他社会影响所推出去的圈子的中心。被圈子的波纹所推及的就发生联系。每个人在某一时间某一地点所动用的圈子是不一定相同的。"②费孝通将这一结构称为"差序格局"，是"一根根私人联系所构成的网络"。

有关费孝通差序格局讨论的文章非常多，引起笔者关注的是阎云翔的观点。阎云翔认为，差序格局是个立体的结构，包含纵向的刚性的等级化的"序"，也包含横向的弹性的以自我为中心的"差"。多数学者都只看到"差"而忽略了"序"，这是有关差序格局的学术话语中的一个误区。③根据他这个观点，笔者将"差"和"序"分开来讨论。在讨论这个问题之前，笔者回忆起费孝通在燕京大学读本科时所写的一篇论文——《派克及季亭史两家社会学学说几个根本的分歧点》，文章讨论了派克所

---

① 费孝通：《乡土中国》，第30—31页。
② 同上书，第32页。
③ 阎云翔：《差序格局与中国文化的等级观》，《社会学研究》2006年第4期。

提出的"社会距离"和"社会身份"这两个关键词。笔者认为，费孝通提出来的"差序格局"受这两个关键词的影响很大。所谓的"差"表示的是人的社会距离，体现在社会关系中，逐渐从个人推出去越来越远，像蜘蛛的网一样，在这个网中心的就是自己。费孝通说："我们每个人都有这么一个以亲属关系布出去的网，但是没有一个网所罩住的人是相同的。"[①]"我们社会中最重要的亲属关系就是这种丢石头形成同心圆波纹的性质。亲属关系是根据生育和婚姻事实所发生的社会关系。从生育和婚姻所结成的网络，可以一直推出去包括无穷的人，过去的、现在的和未来的人物。"[②]离中心越近的，就是与自己社会距离越近的社会关系。

解释完差序格局里的"差"，接下来还可以解释其中的"序"。在笔者看来，如果把"差"看成是社会距离，"序"则可以看成是社会身份。正如阎云翔所讲的，"差"是平面的，而"序"是立体的，因为"序"是有等级的，如果"差"所体现的是远近有别的亲疏关系，那么"序"体现的则是上下有别的等级关系。费孝通以"人伦"来说明这一关系，"人伦"之所以能说明差序，在于"伦"规定了差序格局的内容，即差等。"伦

① 费孝通：《乡土中国》，第33页。
② 同上书，第32页。

重在分别，在《礼记·祭统》里所讲的十伦，鬼神、君臣、父子、贵贱、亲疏、爵赏、夫妇、政事、长幼、上下，都是指差等。'不失其伦'是在别父子、远近、亲疏。伦是有差等的次序。"[①] "在我们传统的社会结构里最基本的概念，这个人和人往来所构成的网络中的纲纪，就是一个差序，也就是伦。《礼记·大传》里说：'亲亲也，尊尊也，长长也，男女有别，此其不可得与民变革者也。'意思是这个社会结构的架格是不能变的，变的只是利用这架格所做的事。"[②] 从己到家，从家到国，从国到天下，是一条通路。《中庸》里把五伦作为天下之达道。在这种社会结构里，从己到天下是一圈一圈推出去的，孟子说"善推其所为而已矣"。也由此，推己及人就成了中国人最重要的社会信条。正如费孝通所说的，孔子是会推己及人的，可是尽管放之于四海，中心还是在自己。子曰："为政以德，譬如北辰，居其所而众星共之。"这是一个很好的差序格局的譬喻。在这种富于伸缩性的网络里，随时随地是有一个"己"作中心的。这并不是个人主义，而是自我主义。个人是对团体而说的，是分子对全体。

---

① 费孝通：《乡土中国》，第35页。

② 同上。

费孝通能够将中国的社会格局如此清晰而又形象地表达出来，一方面他使用了西方理论用以分析社会行为的"社会距离"和"社会身份"这两个概念，来分析中国社会的格局形式，虽然他自己并未表达出来，但在潜意识中的这两个概念帮助了他。另一方面，为了更有效地说明中国社会的特点，费孝通采用了人类学的基本方法——比较法。他先描述出一个"他者"，即西方的社会结构（团体格局），然后再以这个"他者"为鉴，反照中国社会结构的镜像。①可以说，没有对西方文化的了解，难以反观出中国文化的特点。1942年到1949年是费孝通的学术理论建构期，但就是在这个时期，他辗转于英美和中国的同时，还陆续写了四五十篇有关英美文化介绍和西方时事分析的文章。这些理论文章一方面有来自田野的亲身体验和观察，另一方面还有深厚的西方文化的学习和研究的基础。也正因如此，他的研究和文人士大夫风格的学究们的研究是完全不一样的，他的理论在当时的学术界也可以说是别具一格的。

---

① 阎云翔:《差序格局与中国文化的等级观》,《社会学研究》2006年第4期。

（四）礼治秩序

　　费孝通认为，乡土社会是一个礼治的社会。什么是礼治社会呢？他说："普通常有以'人治'和'法治'相对称，而且认为西洋是法治的社会，我们是'人治'的社会。其实这个对称的说法并不很清楚。法治的意思并不是说法律本身能统治，能维持社会秩序，而是说社会上人和人的关系是根据法律来维持的。法律还得靠权力来支持，还得靠人来执行，法治其实是'人依法而治'，并非没有人的因素。"①礼是社会公认合式的行为规范，其也是要受约束的，要受一套约定俗成的道德规范来约束的。在乡土社会中，合于礼的就是说这些行为是做得对的，对是合式的意思，也就是合法的意思。因此，如果单从行为规范一点说，本和法律无异，法律也是一种行为规范。礼和法不相同的地方是维持规范的力量不一样。法律是靠国家的权力来推行的……维持礼这种规范的是传统。

　　费孝通认为："文化本来就是传统，不论哪一个社会，绝不会没有传统的。衣食住行种种最基本的事务，我们并不要事事费心思，那是因为我们托祖宗之福，——有着可以遵守的成法。

---

　　①　费孝通：《乡土中国》，第68页。

但是在乡土社会中，传统的重要性比了现代社会更甚。那是因为在乡土社会里传统的效力更大。"[1] 从某个角度来讲，传统其实可以取代法律来约束社会。费孝通认为，礼治在表面看去好像是人们行为不受规律拘束而自动形成的秩序。其实自动的说法是不确的，只是主动地服于成规罢了。孔子一再地用"克"字，用"约"字来形容礼的养成，可见礼治并不是离开社会，由于本能或天意所构成的秩序了。[2] 礼和法的最大区别是，法是靠外在权力来推行的，但礼不是，礼是从教化中养成了个人的敬畏之感，使人服膺，人服礼是主动的。礼是可以为人所好的，所谓"富而好礼"。也就是说，礼是在生活中陶养而成的，其可以成为人自觉遵守的行为习惯。

可以看出，礼治的可能必须以有效的生活为前提，而乡土社会满足了这前提，因之它的秩序可以礼来维持。但在一个变迁很快的社会，传统的效力是无法保证的。费孝通认为："尽管一种生活的方法在过去是怎样有效，如果环境一改变，谁也不能再依着老法子去应付新的问题了。所应付的问题如果要由团体合作的时候，就得大家接受个同意的办法，要保证大家在规定的办法下合作应付共同问题，就得有个力量来控制各个人了。

---

① 费孝通：《乡土中国》，第72页。

② 同上书，第75页。

这其实就是法律，也就是所谓'法治'。"①在《乡土中国》这本书中，费孝通向我们讲述了礼治社会和法治社会的不同特点，同时也向我们阐述了礼治社会存在的必要的社会条件，那就是乡土社会所构成的传统文化和社会背景。

（五）无讼社会与长老统治

乡土社会的最大特点就是"安土重迁，生于斯、长于斯、死于斯"，祖祖辈辈都耕耘在同一块土地上，人们的眼是向后看的，所谓向后看的，就是始终带着前辈经验，重视传统文化。采用礼治来治理社会"就是对传统规则的服膺。生活各方面，人和人的关系，都有着一定的规则。行为者对于这些规则从小就熟习，不问理由而认为是当然的。长期的教育已把外在的规则化成了内在的习惯。维持礼俗的力量不在身外的权力，而是在身内的良心。所以这种秩序注意修身，注重克己。理想的礼治是每个人都自动地守规矩，不必有外在的监督"②。

---

① 费孝通：《乡土中国》，第75页。
② 同上书，第79页。

　　像这样的社会是不需要法律的，都是本乡本土的熟人，发生纠纷不愿意上法庭。他们遵循"礼"，并且"知礼"，这其中也包含"道理"的"理"。乡下人总喜欢讲"天理良心"，这种"天理"是每个人从小在心中养成的，其不需要学习，已化成人的行为，在长期的父母的言传身教中已经成为一种习惯。在乡村一旦某人做错了事，用的是家法族规，邻里之间有了纠纷，也是由族内有权威的长者来进行调解。"在乡村里所谓调解，其实是一种教育过程。"[①] 子曰："听讼，吾犹人也，必也使无讼乎。"费孝通称中国的乡村社会为无讼，即不用上法庭的社会。费孝通看到，当时的中国正处在从乡土社会蜕变的过程中，原有对诉讼的观念还是很坚固地存留在广大的民间，也因之使现代的司法不能彻底推行。[②] 即使在今天，中国人还是不习惯打官司，有什么事喜欢私了，在传统的熟人社会没问题，但在陌生且流动性很大的现代社会，如果没有较强的法治观念，社会就会难以控制。尽管这是费孝通在20世纪40年代写的一本书，我们今天读起来不但很亲切，还非常实用。当时费孝通提出的问题，对我们今天仍然有效，值得深入地学习与思考。

---

① 费孝通：《乡土中国》，第80页。
② 同上书，第82页。

　　另外，由于乡土社会是一个生活节奏缓慢的社会，在这里生活的人们年复一年日复一日地面朝黄土背朝天地劳动，重复不变的日子，使人臣服于传统，是一个尊重老人的社会。所谓的长幼有序、长者为尊就是如此。乡土社会的"亲属称谓中，长幼是一个极重要的原则，我们分出兄和弟、姊和妹、伯和叔，在许多别的民族并不这样分法……这种长幼分划是中国亲属制度中最基本的原则，有时可以掩盖世代原则。亲属原则是在社会生活中形成的，长幼原则的重要也表示了教化权力的重要"[1]。在这样的社会中，老人掌握着教化的权力，如果村里发生纠纷，出门裁决和教化，都是由老人来出面。费孝通称这种教化方式为"长老统治"。

　　在现代社会，这一切都在发生变化，正如费孝通所说的："文化不稳定，传统的办法并不足以应付当前的问题时，教化权力必然跟着缩小，缩进亲子关系、师生关系，而且更限于很短的一个时间……这种能力和年龄的关系不大，重要的是智力和专业，还可加一点机会。讲机会，年幼的比年长的反而多。他们不怕变，好奇，肯试验。在变迁中，习惯是适应的阻碍，经验等于顽固和落伍……尊卑不在年龄上，长幼成为没有意义的比较，见

---

[1] 费孝通:《乡土中国》，第97—98页。

面也不再问贵庚了。——这种社会离乡土性也远了。"①在生活节奏变快的现代社会，人们的眼光不再向后看。前人的经验在今天的社会大部分是无效的，人们必须不断地向前看，这样的未来讲的不是经验，而是创造。年龄大不仅不是优势，还很可能是弱势，这样，长老统治的现象也就越来越少了。

（六）血缘和地缘的关系

中国社会是一个祖先崇拜的社会，在这样的社会中，孝道和繁衍后代是最重要的，因此，以血缘为单位的家庭、家族、宗族成为村庄中的基本单位，也是血缘社会的基础。按照费孝通的解释，"血缘的意思是人和人的权利和义务根据亲属关系来决定。亲属是由生育和婚姻所构成的关系。血缘，严格说来，只指由生育所发生的亲子关系"②。这种社会形态一般出现于村落和部落文化之中，是人类最早出现的社会形态，罗伯特·莱顿称其为"小型社会"，青年学者朱阳称其为"一维文化"。

---

① 费孝通：《乡土中国》，第98页。
② 同上书，第100页。

费孝通认为，血缘是稳定的力量。在稳定的社会中，地缘不过是血缘的投影，不分离的。"世代间人口的繁殖，像一个根上长出的树苗，在地域上靠近在一伙。地域上的靠近可以说是血缘上亲疏的一种反映，区位是社会化了的空间。我们在方向上分出尊卑：左尊于右，南尊于北，这是血缘的坐标。空间本身是混然的，但是我们却用了血缘的坐标把空间划分了方向和位置。"①但是，乡土社会中无法避免的是"细胞分裂"的过程，但"每个家族可以向外开垦的机会很有限，人口繁殖所引起的常是向内的精耕，精耕受着土地报酬递减律的限制，逼着这社群分裂，分出来的部分另外到别的地方去找耕地"②。这是一个在空间上扩展了的血缘关系。笔者考察过贵州的长角苗，他们最早是生活在离现在50千米远的另外一个区域，尽管他们迁徙到现在这个地方已经有100多年了，但他们每年过年还要去以前的地方拜祖坟、走亲戚。

在亲密的血缘社会中商业是不能存在的。这并不是说这种社会不发生交易，而是说人们的交易是以人情来维持的，以相互馈赠的方式。实质上馈赠和贸易都是有无相通，只在清算方式上有差别。正因为如此，所有商业关系都是建立在血缘之外

①　费孝通：《乡土中国》，第102页。
②　同上书，第103页。

的地方。费孝通说："在我们乡土社会中，有专门作贸易活动的街集……我常看见隔壁邻舍大家老远地走上十多里在街集上交换清楚之后，又老远地背回来。他们何必到街集上去跑这一趟呢，在门前不是就可以交换的么？这一趟是有作用的，因为在门前是邻舍，到了街集上才是'陌生'人。当场算清是陌生人间的行为，不能牵涉其他社会关系的。"[1] 只有在陌生人之间才存在地缘关系，如果说，村落文化是一个点，集市和乡镇文化就是一个面，在这个面上集中了无数个点，点与点之间通过商业贸易将它们联系在了一起，这就是朱阳解释的二维文化。地缘关系也就是在二维文化中才得以存在。

费孝通认为："地缘是从商业里发展出来的社会关系。血缘是身份社会的基础，而地缘却是契约社会的基础。契约是指陌生人中所作的约定。在订定契约时，各人有选择的自由，在契约进行中，一方面有信用，一方面有法律。法律需要一个同意的权力去支持。契约的完成是权利义务的清算，须要精密的计算，确当的单位，可靠的媒介。在这里是冷静的考虑，不是感情，于是理性支配着人们的活动——这一切是现代社会的特性，也正是乡土社会所缺的。"[2] 随着社会的发展，人和人之间

---

① 费孝通：《乡土中国》，第108页。
② 同上书，第109页。

的往来也愈繁重，单靠人情不易维持相互间权利和义务的平衡，于是"当场算清"的需要也增加了。货币是清算的单位和媒介，有了一定的单位，可以正确清算；有了这媒介可以保证各人所得和所欠的信用。"从血缘结合转变到地缘结合是社会性质的转变，也是社会史上的一个大转变。"①

　　费孝通笔下的这种乡土社会的文化，至今已成为依稀难寻的过去，那我们为什么还要学习它，了解它？因为它是我们社会的文化基因，它代表的是在自然环境下生长出来的一个完整的生态链，任何发达文化都应当包含这样的从不同地域环境下生长出来的一维文化，这是一种直接作用于大自然的原生文化，它是高维度文化发展的基础。高维度的文化中包含了低维度文化的描述，但是无法代替低维度文化。高维度文化和低维度文化是联动的，低维度文化并不能一跃发展成为高维度文化。包含低维度文化的高维度文化通过探索更广阔的时空，对它进行符合大尺度时空观的解释。也就是说，人类无论发展出什么样的工业文明、信息文明、智能文明，乡土文明都是最基本的文明，乡土文明不需要依靠工业文明、信息文明和智能文明存在，但反之，那些高度发达的文明没有乡土文明作为基础就无法存

---

① 费孝通：《乡土中国》，第109页。

在。因为乡土文明不仅能够给那些高层次的城市文明提供最基本的粮食以及来自大自然的各种馈赠，其还能为我们提供许多的文化资源，包括文化生态的多元价值。

在生物界，人们已经意识到物种多样性的重要性，几乎所有关于自然的纪录片都在提倡保护生物多样性，保护生物多样性就是保护生态系统。如果把文化和人类的习性，还有产生这种文化的地域看作一套整体系统的话，那保护文化就是保护这个地域的生态系统。但仅仅保护还不够，还需要对它加以解释，费孝通所写的《乡土中国》，就是一本最精彩的有关中国乡土社会的解释文本。任何文化只有通过解释才能成为知识，成为人类文化基因库的一部分，可以分享给全体人类，就像西方人研究过的部落文化一样，其研究的样本可以给予我们今天的文化许多启示。

二、有关传统中国政治制度的解释

如果说，《乡土中国》是有关中国乡土社会的标本式的描述，那么，《皇权与绅权》这本小册子则是对中国古代政道合一的政治制度的静态描述和解释。费孝通这本书完成时，正值雷德菲尔德受费孝通的邀请，在清华大学做为期一年的访问学者。其间，费孝通把他刚完成的《皇权与绅权》口述给雷德菲尔德的夫人，由她整理成英文稿。雷德菲尔德夫妇回美国后，将这本书命名为《中国士绅》（*China's Gentry*），由雷德菲尔德写序，1953年在美国芝加哥大学出版社出版。

之所以称其为静态，是因为在这本书的描述中并没有具体的时间轴，在发展缓慢的农业社会，虽然最远可以涉及孔子，但并没有涉及某一个朝代。这样的好处就是，让我们很清楚地看到中国传统政治制度的宏观结构，而且能够更好地理解以皇权为代表的政统和以绅权为代表的道统之间相互制约的关系。一个社会必须有上下相通的双轨制，相互制约和沟通才可以长期存在，西方国家也一样。中国是政统和道统的合一，而西方国家则是政统和神统的合一，也就是所谓的政教合一。所以，费孝通的这一描述也是有对比模型的，是有双重视角的。

（一）政道合一的社会制度

在古代中国，代表政统的自然是皇权，代表道统的是绅权。

绅权是没有实际权力的，但他们掌握着建构道德和维护道德的权力，这群人就是传统的士大夫，他们的存在在传统的中国社会非常重要。正如费孝通所论述的，传统士大夫的政治意识中有一个很重要的观念就是道统。道统这个观念在皇权确立之前已经产生，而且我们也可以说，这观念的成熟才使皇权的结构能够确立。因之，我们在分析这一直到现在还发生作用的传统政治意识时，不能不推到皇权确立之前，尤其是封建和皇权交替的过渡时期。

众所周知，在春秋战国时期有诸子百家，为何儒家最后能超过百家而成为皇权时代最有力的思想体系？费孝通认为，儒家"所表达出来的观点是最适合于皇权时代政治结构中所需的意识形态"[①]。也就是说，任何一个政权的出现都需要有一套价值体系作为自己政权存在的理由和统领，而自从董仲舒于汉武帝时期的元光元年（公元前134年）提出"独尊儒术"，在中国的历史长河中，儒家学说就成为中国人的核心文化价值观，一直流传和保存下来了，并成为当时中国人行为规范的指南。费孝通虽然受的是西洋教育，但他还是熟读了《论语》和"六经"。在他写的文章中经常会引用一些里面的经典句子，因为他

---

① 费孝通：《皇权与绅权》，载《费孝通全集》第六卷，内蒙古人民出版社2009年版，第252页。

知道如果不懂得儒家文化，就很难理解中国的传统文化。

在费孝通看来，传统的文人士大夫"不从占有政权来保障自己的利益，而用理论规范的社会威望来影响政治，以达到相同的目的——这种被认为维持政治轨范的系列就是道统。道统并不是实际政治的主流，而是由士大夫阶层所维护的政治规范的体系"①。孔子就是这一阶层的地位最高的代表性人物，也就是说，当士大夫阶层要用道统来驾驭或影响皇权，以规范现实的时候，孔子被抬出来作为道统的创始者，因之得到"素王"的尊号。传承道统被称为师儒——"道在师儒"。②"师儒的理想是王道，王道可以说就是政统加道统。"③"在董仲舒的公式里上是天，中是皇，次是儒，末是民。他抬出天来压倒皇权，使皇权得有所畏。"④师儒是和道统不相离的人物，是手持规范的人。

费孝通认为，孔子并不是从贵族血统中获得他的地位的，并不直接来自政统，但是他的地位却并不低于有位的王，因为他是"素王"，"素王"受命于天。从这位素王推出另一系列的人物，这一系列是道统，和实际的政权不同。"素王和皇权并行

① 费孝通：《皇权与绅权》，第253页。
② 同上。
③ 同上书，第257页。
④ 同上书，第261页。

于天下，更确切一些说，是上下分治。地方上的事是素王统治，衙门里是皇权的统治。皇权向来是不干涉人民生活的，除了少数暴君，才在额定的赋役之外扰乱地方社会的传统秩序。"[1]他认为："政权是以力致的，是征服者和被征服者的关系。这里所讲的威权是社会对个人的控制力。儒家固然希望政权和社会本身所具的控制力相合，前者单独被称为霸道，相合后方是王道。但是事实上并没有成功的。"[2]费孝通晚年谈到国与国之间的关系时，常常讲要王道不要霸道就出自这里。以笔者的理解，所谓的王道是要以理服人，而不是以强权服人。政统是权力，道统是规范，是道德的维护者，只有以道德的高度去号令天下才能服众。

道统这个观念有它所依据的社会事实，这社会事实就是产生了一个没有政治权力的士大夫阶层。儒家的理论是随着社会事实的演变而逐渐发展的。也就是说，中国古代的政体虽然不同于西方，但同时代的事物总会有某些相同之处，中国的政统和道统的分权和西洋中古时代的政治和宗教的分权有相似之处。费孝通说："在耶稣的眼睛里做事的权柄有二：一种是从天上来的，一种从人间来的。二者可以并行。但是欧洲中古的历史里

---

[1] 费孝通：《皇权与绅权》，第245页。

[2] 同上。

人间的权力却降服在天上的权力之下。降服在宗教之下的是皇权。政教分离的结果是民权的抬头。"[1]孔子也承认权力的双重系统，但是在他看来，这两个系统并不在一个层次里，它不是对立的，也不必从属的，而是并行的，相辅的，但不相代替的。恺撒的一个系统，就是政统，是相同的，而另一系统在西洋是宗教，或是教统；在中国却并不是宗教，是道统。"事归政统，而理则归道统。"[2]古代的文人士大夫注重的是理而不是事，所以，都好为帝王之师，成为帝王之师是帮助帝王出主意，并不是分权。

然而，在后来董仲舒的改革中，道统与干涉人事的天产生关联了。"灾异论虽则没有做到控制皇权之功，但是给民间一个重大的刺激，因为这种理论把皇权的绝对性给打击了。如果'天厌之'时，皇权就得改统。于是在汉之后，每一次皇权的动摇，农民的暴动都得借符瑞来取信于民。这也表示了这种理论被民间所接受的情形。"[3]从这一论述我们可以看到，中国古代的皇帝虽然有着至高无上的权力，但他也要在祖祖辈辈流传下来的规范中行使权力，监督他的师儒就是当时的知识分子，这

---

① 费孝通：《皇权与绅权》，第255页。
② 同上书，第256页。
③ 同上书，第262页。

些知识分子没有做事的权力，但他们掌握着行使道德规范的权力。当皇帝的行为不符合这些规范时，其可以上书和劝告，当这些都无效时，他们还可以搬出"天"来压制皇帝，当然最终让皇帝下马的不是老天，而是民众。正所谓"民可载舟，亦可覆舟"。

在这里，费孝通还告诉我们，凡是按道德规范行使权力的就是王道，凡是不按照道德规范行使权力的就是霸道，一旦权力变成了霸道，就没有了道德底线，一切只为权力的扩展，一旦遇到了人民就要遭殃。道统的意义就在于避免皇权变成霸权，所以，作为素王的孔子就成了捍卫王道的代表性人物。从这个意义上看，晚年的费孝通一面呼吁要王道，不要霸道，一面呼吁要在新的时代出现一个新的孔子，就是因为担心在全球化的背景下，不同的权力争锋世界，权力一旦失去了约束，人类就将面临战争带来的灾难。只有在世界有一个共同的规范和约束的基础上，我们才可以避免全球性的战争。

（二）无为政治的统治方式

在一般人的概念中，中国古代的皇帝有着至高无上的权力，例如，"君要臣死，臣不得不死"、"伴君如伴虎"，费孝通却提出了一个"无为政治的统治方式"的说法，那是为什么呢？费孝通说："一个雄图大略的皇权，为了开疆辟土，筑城修河，这些原不能说是什么虐政，正可视作一笔投资，和罗斯福造田纳西工程性质可以有相类之处。但是缺乏储蓄的农业经济却受不住这种工程的费用，没有足够的剩余，于是怨声载道，与汝偕亡地和皇权为难了。这种有为的皇权不能不同时加强它对内的压力，费用更大，陈涉、吴广之流揭竿而起，天下大乱了。人民死亡遍地，人口减少了，于是乱久必合，又形成一个没有比休息更能引诱人的局面，皇权力求无为，所谓养民。"[1]也就是说，皇权为了自身的维持，确立了无为政治的理想。这种理想就是"在天高皇帝远的距离下，把乡土社会中人民切身的公事让给了同意权力去活动了"[2]。什么是同意权力呢？费孝通说："各人有维持各人的工作、维持各人可以互相监督的责任。没有人可以'任意'依自己高兴去做自己想做的事，而得遵守着大家同意分配的工作。可是这有什么保障呢？如果有人不遵守怎么办呢？这里发生共同授予的权力了。这种权力的基础是社会

---

① 费孝通：《乡土中国》，第90页。
② 同上书，第91页。

契约，是同意。……这种权力我们不妨称之为同意权力。"①

同意权力是分工体系的产物。分工体系发达，这种权力才能跟着扩大。乡土社会是个小农经济，在经济上，每个农家除了盐铁，必要时可以关门自给。于是我们很可以想象同意权力的范围也可以小到"关门"的程度。在这里我们可以看到的是乡土社会里的权力结构，虽则名义上可以说是"专制"、"独裁"，但是除自己不想持续的末代皇帝之外，在人民实际生活上看，是松弛和微弱的，是挂名的，是无为的。②在过去，百姓并不承认县以下的任何行政单位。知县是父母官，是亲民之官，是直接和人民发生关系的皇权的代表，知县老爷就是百姓心目中的最大官员。

在这样的社会里，老百姓如有纠纷，并不进衙门解决，而由家法族规来解决，行使这些权力的人就是本乡本土有权威的乡绅们，他们大都考取过功名，有的甚至出去做过政府官员，回乡养老，在家族中有威望，在官府中有人脉。在传统社会，县以下的地方基本是民众自治，官员并不处理具体事务，只是做一些上传下达的工作。这样，从皇帝到官员实行的都是无为自治，也就是小政府主义，以现在的话来说就是最小中央集权。

---

① 费孝通：《乡土中国》，第86—87页。
② 同上书，第91页。

费孝通说："在无为主义政治中当地方官是近于闲差，我们可以在历史上看到很多在这职务下游山玩水，发展文艺才能的例子。他们的任务不过于收税和收粮，处理民间诉讼。对于后者，清高的自求无讼，贪污的虽则可以行贿，但是一旦行贿，讼诉也自会减少，反正要花钱，何必去打官司呢？差人的任务也因之只限于传达命令，大多是要地方出钱出人的命令。"[1]也的确是如此，古代的官员由于清闲，有才艺的人的确不少，如苏东坡、郑板桥、杜甫等。

费孝通总结道："中国以往的专制政治中有着两道防线，使可能成为暴君的皇帝不致成为暴君。第一道防线是政治哲学里的无为主义。……中国的政治史是软禁权力，使它不出乱子，以政治的无为主义来代替宪法。"[2]

（三）上下贯通的双轨制

政治哲学里的无为主义是中国历史上防止暴君的第一道防线，但仅仅一道防线是不够的，还有一道防线就是上下贯通的

① 费孝通：《乡土重建》，第39页。
② 同上书，第37页。

双轨制。费孝通说,政治绝不能只在自上而下的单轨上运行。人民的意见是不论任何性质的政治所不能不加以考虑的,这是自下而上的轨道。一个健全的、能持久的政治必须是上通下达、来往自如的双轨形式。

在这双轨制的执行过程中,我们也看到了皇权和绅权、政统和道统在其中的作用。由上而下是皇权在起作用,由下而上则是绅权在起作用。皇帝管理官员,并通过官员向民众下达指令;而绅士也就是士大夫教化民众,替民众代言,将民情和民众的意见反映上去。

正如费孝通所说的:"自上而下的命令谁也不敢保证一定是人民乐于或有力接受的。所以事实上一定要敷下双轨。衙门里差人到地方上来把命令传给乡约。乡约是个苦差,大多是由人民轮流担任的,他并没有权势,只是充当自上而下的那道轨道的终点。……自下而上的政治活动也开始了。地方的管事用他绅士的地位去和地方官以私人的关系开始接头了。如果接头的结果达不到协议,地方的管事由自己或委托亲戚朋友,再往上行动,到地方官上司那里去打交涉,协议达到了,命令自动修改,乡约也就回乡。在这种机构中,管事决不能在公务上和差人接头,因为如果自治团体成了行政机构里的一级,自下而上的轨道就被淤塞了。管事必须有社会地位,可以出入衙门,直接和有权修改命令的官员协商。这是中国社会中的绅士。"①

在这里，我们可以看到，中国传统政治结构是有着中央集权和地方自治的两层。中央所做的事是极有限的，地方上的公益不受中央的干涉，由自治团体管理。表面上，我们只看见自上而下的政治轨道执行政府命令，但是事实上，一到政令和人民接触时，在差人和乡约的特殊机构中，转入了自下而上的政治轨道，这轨道并不在政府之内，但是其效力却很大的。②而在这里起作用的就是地方的乡绅，传统的绅士为了他在政治结构中的特殊作用不能进入行政机构，否则，唯一的自下而上的轨道就淤塞了。

在讨论了传统乡土社会的双轨制以后，费孝通对比了民国时期所实行的保甲制度，他认为这种制度冲垮了以专制和集权名义所容忍着的高度地方自治的防线。"保甲制度是把自上而下的政治轨道筑到每家的门前，最近要实行的警管制更把这轨道延长到了门内。"③"保长对于县长是下属对上司，他的责任是执行命令，不能讨价还价。为了维持这传统方式，当保长的常是社会没有声望的人，等于以前的乡约。可是事实上保长和乡约

---

① 费孝通:《乡土重建》，第39—40页。

② 同上书，第40页。

③ 同上书，第41页。

是不同的，乡约是没有权力的，而保长却有权力……（保长）是合法的地方公务执行者，他有权来管理地方的公款，这变化在地方上引起的迷惑是深刻的。结果是地方上有地位的人和保长处在对立的地位而没有桥梁可通。"①他不能拒绝上级命令，不能动用自下而上的政治轨道，这类地方也就完全成了下情不能上达的政治死角。

费孝通总结道："基层行政的僵化是因为我们一方面加强了中央的职能，另一方面又堵住了自下而上的政治轨道，把传统集权和分权，中央和地方的调协关键破坏了，而并没有创制新的办法出来代替旧的。我们似乎有意无意地想试验政治单轨制。一个历史上从没有成功过的方式。"②他也看到了，民国时期的社会已经改变了中国传统社会的基本结构，如果要建立新的制度，传统的无为主义就已经失其意义了。"为了适应中央集权逐渐加强，政府逐渐大可有为的趋势，要维持政治机构的健全，我们必须加强双轨中的自下而上的那一道。"③在他看来，那一道就只有民主和宪法了。所以，"宪法是限制政府权力的契约，订立这契约的是人民和政府两造。民主是表达人民意见的方法

---

① 费孝通：《乡土重建》，第42—43页。

② 同上书，第44页。

③ 同上书，第52页。

和代表民意的机构"①。在这样的定义下，民主和宪法就是用来加强自下而上的政治轨道以防止权力的滥用的办法了。

（四）对中国传统知识分子行为的反思

综上所述，在古代中国，驯服人民有两套权威，一套是皇权，其和人民的关系，是征服者和被征服者的关系。但这种征服是一种外在的强力，还需要一种从内心愿意悦服的内在之力，掌握这种力量的就是当时的士绅阶层，也就是另一套权威，所谓的"师儒"。儒家希望将这些规范与政权和社会控制力相合，方是王道，不然就是霸道。费孝通认为，这种相合首先体现在知识的生产与传播上。要与文字结合，才能够更加广泛地传播，尤其是在代际之间传播。一些规范、传统需要文字记录，还有官方的文书、历史也需要文字记录，知识分子由于识字，所以其成为知道标准规范知识的特殊人物，被称为君子、士大夫。"像一个工匠服从技术一般，技术由师傅传授，师傅是知道技术的人，他具有威望。同样的，知道传统的人具有社会的威

---

① 费孝通:《乡土重建》，第46页。

望。"^①正是这样的职能与威望形成了中国知识分子和中国文字的传统特点。

在传统的中国，"没有长期的闲暇不必打算做读书人。闲暇在中国传统的匮乏经济中并不是大家可以享有的。尽量利用体力来生产的技术中，每个从事生产的人为了温饱，每天的工作时间必然很长，而且技术简单，收入有限，一年中也不能有较长的假期。……只有地主们有闲暇，于是读书人也就限制在这一个经济阶级中了。"^② "一个靠着特权而得到生产者供养的人，不但不必有生产所需要的技术知识，也不必有任何其他知识，他可以悠哉游哉地过他寄生的日子。如果他这样，他的特权可就不安全了。特权是要靠力量来维持的：暴力、政权或社会威权。文字是得到社会威权和受到政权保护的官僚地位的手段。于是不但只有这种阶级有资格读书，而且这种阶级亦有读书的需要。两相配合而成了这种阶级的特点了。"^③因此，中国知识分子的特点：第一，是掌握了文字特权的人；第二，是掌握了规范知识的人；第三，是有机会向政府进言的人。

但是这样一来的结果就是在中国发生了技术知识和规范知

<hr>

① 费孝通：《皇权与绅权》，第245页。
② 同上书，第246—247页。
③ 同上书，第247页。

识的分化。在一般的社会，"技术知识和规范知识本是相关相联的。但是规范知识和文字一旦结合而成了不事生产者的独占品时，它和技术知识脱离了。这样一脱离，技术也就停顿了"[①]。费孝通说："自然知识一定要通过社会才能被应用而成为有用的技术。……一旦这权力脱离了生产者，技术的进步也立刻停顿。"[②] 也就是说，传统社会里的知识阶级是一个没有技术知识的阶级，可是他们独占着社会规范决定者的威权，他们在文字上费工夫，在艺技上求表现，但是和技术无关，中国文字是最不适宜表达技术知识的文字；这也是一个传统社会中经济上的既得利益的阶级，他们的兴趣不是在提高生产，而是在巩固既得的特权，因之，他们着眼的是规范的维持，是卫道的。眼睛里只有人和人关系的人，他不免是保守的，人和人的关系要安排到协调的程度必须先有一个安定的基础，这基础就是人和自然的关系。[③]

也正因此，工业革命之后，中国很快就落后于西方，因为工业文明所产生的那套西洋文化是以自然知识和技术为重心的。对于这些，中国知识分子外行，不只是外行，而且瞧不起那一

①　费孝通：《皇权与绅权》，第247页。
②　同上书，第247—248页。
③　同上书，第248页。

套。费孝通认为："中国知识分子并不是不能明白西洋也有一套所谓精神文明的。西洋的历、数、哲、理，都比了我们自己的强。这套东西，在纯粹理论方面，是中国传统知识分子所能接受的。……这说明了这套理论一定要和现代技术配合了才发生作用，一旦脱离了技术，只成了一篇文章罢了——知识分子不能看重西洋文化的理论或是技术，他们同样的并不能把握住二者的关联。他们不能这样，因为他们生活所倚的社会结构是一个把知识分化了的结构。"[①]

李约瑟在其编著的15卷《中国科学技术史》中提出了一个问题：尽管中国古代对人类科技发展作出了很多重要贡献，但为什么科学和工业革命没有在近代的中国发生？这个问题后来被称为"李约瑟之问"。笔者认为，费孝通在这里非常详细地回答了这一问题。那就是长期以来中国知识分子将自然知识、技术知识、规范知识分离开来，没有认识到文化是一个整体。中国知识分子是否还有前途，就是要看他们是否改变传统的社会结构，将这些知识合成一体。正因为当时的中国知识分子受着这种传统社会结构的拘束，所以国民政府兴办学校，并派遣留学生到国外学习，企图改变这种传统的知识结构。当年的费

---

① 费孝通：《皇权与绅权》，第249页。

孝通就是通过留学而被培养的新一代知识分子，但他却表示，"在我们这一代里，学习工程和技术的人数是多了，他们而且已经有机会直接到西洋去学习。但是当他们学习的时候，他们却时常只注意自然知识和技术……他们继承着传统知识阶级的社会地位，是'在上者'。他们的祖宗是没有技术知识的人物，但是他们有适合于当时社会的规范知识。现代的知识阶级有了不加以实用的技术知识，但是没有适合于现在社会的规范知识。这种人物在社会里是不健全的。不健全的人物去领导中国的变迁，怎能不成为盲人骑瞎马？"[1]

最不容易改变的就是传统，即使到今天，这样的传统仍然在延续。就以人类学为例，这是一项实践性的研究工作，传入中国以后，理论受到重视，佀田野工作却常常会被忽视。有些学者觉得学知识应该是在书斋里做案头工作，在田野里与农民打交道能够学到知识吗？他们还是重视书本知识而忽视生产劳动的知识。因此，费孝通总是强调新一代中国知识分子要走出书斋，到田野中去，到现实社会中去考察和学习。

---

[1]　费孝通：《皇权与绅权》，第249—250页。

三、有关乡土重建的思考

上文中的分析来自费孝通对中国传统社会及政治制度的总体描述。为了让读者能够清楚其中的结构和组织方式，他采用的是静态描述法。但实际上，当时中国的农村社会和政治制度都正在发生着剧烈的变化，至于这些变化如何产生，费孝通已经在《江村经济》《人性和机器》《中国乡村工业》等文章中谈到了，表现为西方工业文明对中国传统手工业的挑战。在他看来，这种挑战和冲击是全方位的，我们不仅要了解挑战来自何处，还应该要对未来如何重建有所思考。但在思考这些问题之前，对中国的乡村社会有一个完整了解是很必要的。为此，他完成了《乡土中国》的撰写，又写了一本名为《乡土重建》的册子，这两本书最早是合在一起由上海观察出版社于1948年出版的，书名为《乡土中国·乡土重建》。据费孝通自己说，他是先完成《乡土中国》，再完成《乡土重建》的。写后本书的目的是进一步思考，面临乡土社会的结构变迁，我们应该如何去重建它、重构它。这样的一种思考是对一种文化重建的整体性思考。

（一）文化变迁遭遇的困境

在这本小册子的第一部分，费孝通首先做出了文化的定义。他说："所谓文化，我是指一个团体为了位育处境所制下的一套生活方式。我说一'套'，因为文化只指一个团体中在时间和空间上有相当一致性的个人行为。"①他在这里提出了"位育"这个名词。这个名词的来历是孔庙的大成殿前一个匾上写的"中和位育"。取自《中庸》："致中和，天地位焉，万物育焉。""位"即"安其所"，"育"即"遂其生"。一个人、一个民族，都在求其"安所遂生"，即求其"位育"。教育的目的也在于求人生良好的"位育"。费孝通关注到这个词是因为他的老师潘光旦经常提到这个词，潘光旦是一位社会学家，同时也是教育学家和优生学家，他从"位育"出发，力陈"专门教育"与人格陶冶相分离的弊端，指出人不是为了分工而存在，人的

---

① 费孝通：《乡土重建》，第1页。

存在有其独特的价值，人的发展有着无限的可能。

潘光旦将"位育"两字翻译为英文的adaptation，而adaptation一般也翻作"适应"，意思是指人和自然相互迁就以达到生活的目的。"位育"是手段，生活是目的，文化是"位育"的设备和工具。文化中的价值体系也应当作这样看法。[①]潘光旦将"位育"用于人的全面教育和通才教育，而费孝通则是用其来解释文化的整体性以及文化与时代环境的适应性。"任何文化中也必然有一些价值观念是用来位育暂时性的处境的。处境有变，这些价值也会失其效用。"费孝通还认为："地理的变动固然常常引起新的位育方式，新的文化；但是在中国近百年来，地理变动的要素并不重要。中国现代的社会变迁，重要的还是被社会的和技术的要素所引起的。社会的要素是指人和人的关系，技术的要素是指人和自然关系中人的一方面。"[②]

这种变迁是一个替易或发展的过程，从一种状态变成另一种状态。在这种变迁的过程中，我们一方面要观察和理解传统社会的式样，同时还要观察和理解新兴社会的式样。对此观察法，费孝通说出了他的见解："传统的方式不但有记载可按，而且有现实的生活可查；关于新兴的方式则除了可以观察者外，

---

① 费孝通：《乡土重建》，第1—2页。

② 同上书，第2页。

只能参考所采取新的要素在其他社会里所引起的变迁了。我并不愿承认中国从西洋传入了新工具必然会变成和西洋社会相同的生活方式。我不过是借镜西洋指出这可能的趋向。"[①] 在这段话中我们就可以看出，费孝通写《乡土中国》的目的是要描述传统乡土中国的式样，他写美国、写英国，写自己对这些工业发达国家的看法，就是想借对西方的描述来让我们看到工业文明发展的趋势，并与中国的传统社会形成某种对比，让我们更加看清楚中国面临的问题和中国有可能发展的方向。他说："中国社会变迁的过程最简单的说法是农业文化和工业文化的替易。这个说法固然需要更精细的解释，不能单从字面上做文章，但是大体上指出了中国是在逐渐脱离原有位育于农业处境的生活方式，进入自从工业革命之后在西洋所发生的那一种方式。"[②]

面临这样的变迁过程，我们一定要意识到中国和其他文明的处境有什么样的不同，各自的"位育"有什么样的不同。中国传统处境的特性之一是"匮乏经济"（economy of scarcity），正和工业文明的"丰裕经济"（economy of abundance）相对照。费孝通说："匮乏和丰裕，并不单指生活程度的高下，而是偏重于经

---

① 费孝通：《乡土重建》，第2—3页。
② 同上书，第3页。

济结构的本质。匮乏经济不但是生活程度低，而且没有发展的机会，物质基础被限制了；丰裕是指不住的累积和扩展，机会多、事业众。在这两种经济中所养成的基本态度是不同的，价值体系是不同的。在匮乏经济中主要的态度是'知足'，知足是欲望的自限。在丰裕经济中所维持的精神是'无餍求得'。"①

　　两种经济形态决定了两种价值观念的出现。费孝通认为："在资源有限的匮乏经济里有不知足不安分的人，而且对于物质享受的爱好，本是人性之常，但是这种精神并不能使人在这处境中获得满足，于是有知足安分的观念发生了。"②在他看来，"无餍求得"未必是一个进步的观念，"知足"又未必是一个落后的观念，因为人对物质的追求是有限的，而地球的资源也是有限的，当我们的物质还没有得到真正满足的时候，我们会去极力追求物质的满足，但物质的满足有可能会带来精神的空虚，还会带来资源的匮乏和环境的污染，现在人类已经面临这个问题了。在这样的阶段，人们的"知足"很可能还是一种环保的理念。当时的人们或许还没有重视环保的概念，所以费孝通主要还是从物质和精神的层面上来思考这一问题的。

---

① 费孝通：《乡土重建》，第3页。
② 同上书，第5页。

费孝通认为，儒家思想很早就提倡快乐是人生的至境，知足是达到这境界的手段。这种观念很超前，也是经济达到一定的高度以后必然会追求的一种境界。为此，他对孔子充满着敬意。他说："我常觉得我们这位'万世师表'所企图的是在规划出一个社会结构，在这结构中有着各种身分（君臣父子之类），每个人在某种身分中应当怎样想，怎样做。社会结构本是人造的，人造的东西都可以是一种艺术。社会也可以是一种艺术。身分安排定当，大家安分的生活下去，人生的兴趣就在其中——'吾兴点也'。……这结构的创立固然需要合于艺术的原则，大同之境，而人也必需要安分的精神。这精神就是'礼'，我很想翻译成英国人民所熟习的sportsmanship。Sportsmanship是承认自己所处的地位，自动的服从于这地位的应有的行为，也就是'克己'。在北平街上，有些门上还可以看到'知足常乐'四字。"①知足、安分、克己这一套价值观念是和传统的匮乏经济相配合的，共同维持着这个技术停顿、社会静止的局面。通过这样的分析，我们所看到的是：中国传统文化中不发生科学，绝不是中国人心思不灵、手脚不巧，而是中国的匮乏经济和儒家的知足教条使我们不去注重人和自然间的问题，而去注

---

① 费孝通：《乡土重建》，第5—6页。

重人和人之间的伦理问题了。

矛盾的是，在工业文明发展的过程中，这种社会静止的局面和这种知足的教条不可能再继续下去了，世界已经一体化了，物质落后的国家会挨打和受欺辱。但另一方面，如果我们完全放弃注重人与人相处的文化，转变为西方的注重人与自然相处的文化是否合适，是否就一定正确？费孝通说："人类已经受到两次大战的打击了。回念我们被视为古旧的中华文化，几千年来这问题久已成为思想家的主题。东西相隔，我们的传统竟迄今没有人能应用来解释当前人类文化的危机。人类进步似乎已不应单限于人对自然利用的范围，应当及早扩张到人和人共同相处的道理上去了。"①

在费孝通看来，只关注人与自然的关系，不关注人与人之间的关系，讲究的是物竞天择的丛林法则，世界的和平难以保持。要想保持世界的和平发展，有一天我们还是要重新思考人与人之间的伦理问题。在这方面中国是有优势的，但在发展的过程中，我们如何学习西方，同时保持自己的优势，是一个两难的选择，需要眼光，还需要远见。

---

① 费孝通：《乡土重建》，第8页。

（二）在东西方文化比较中寻找道路

20世纪40年代后期，第二次世界大战刚结束，中国正处在历史的十字路口。走向现代化、工业化，这是毫无疑问的，但需要讨论的是，在现代化和工业化的过程中，如何面对我们的历史和传统。这是我们发展的基础，还是绊脚石？无论如何，我们都需要在了解和研究之后才能下结论。而在此时，费孝通已经花了十几年的时间研究这些问题了。

费孝通一直坚持中西对比的方法，在他看来，没有对比就没有研究，也不可能有什么理论。在讨论乡土重建时，他坚持将中国的乡土文化和西洋的工业文化进行对比，并在其中看到了世界一体化正在形成。他说："远东的大国至今不过是西洋工业的市场，本身并不是一个工业的基地。"① "这世界已因交通的发达而形成不可分割的一体，在这一体之内，手艺和机器相竞争，人力和自动力相竞争，结果匮乏经济欲退无地，本已薄弱的财富，因手工业的崩溃、生产力的减少，而益趋贫弱。"② 贫弱带来的是求生存、求改革。唯一的改革方法就是学西方，以前中国的许多知识分子以为可以"中体西用"，即保持中国的

---

① 费孝通：《乡土重建》，第11页。
② 同上书，第9页。

文化，学习西方的技术，后来发现是行不通的。

"在学习和接受西学之用的方面时，我们逐渐发现了用和体是相关联的，是一套文化。技术是人利用自然的方法，重视技术，发展技术是出（于）一种人对自然的新关系。匮乏经济因为资源有限，所以在位育的方式上是修己以顺天，控制自己的欲望以应付有限的资源；在丰裕经济中则相反，是修天以顺己，控制自然来应付自己的欲望。这种对自然的要求控制使人们对它要求了解，于是有了科学。西学确是重于人和自然的关系，根本上脱不了利用厚生之道，是重'用'的。但是这偏重的背后却有一种新的看法，这看法规定着人在宇宙里的地位，是出于西洋宗教的基源。"[①]

费孝通认为，现代技术的发达在社会组织的本身引入了最小成本最大收获的经济律。"在这标准之下，再加上了机械活动的配合律，串成一套生产活动，支配这活动的最终目的并不是参加活动者的个人目的，甚至并非社会的目的，而是为生产而生产，为效率而效率的超于人的目的。资本主义的不断累积，是出于积财富于天上的动机。"[②]费孝通在论述这一观点的时候，引用了马克斯·韦伯在《新教伦理与资本主义精神》中所提出

---

① 费孝通：《乡土重建》，第10页。
② 同上书，第12页。

的观点：早期资本主义把劳动和积累财富视为一种荣耀，这一财富的积累不是为了自己，而是为了天上的父，成就资本主义发展的原动力。中国人对于物质和财富的克制，发展不出资本主义，这也是由于儒家思想的"修己以顺天"，用知足和克制自己的欲望而造成的，但其根本还是中国历史上的人多资源少的条件所决定的。由此形成的匮乏经济是封闭的、静止的经济，而由西方资本主义观念形成的丰裕经济却是扩张的经济，代表着一个无孔不入的进取性的力量。当然，这一力量的形成也取决于欧洲的地理大发现，新的殖民地空间给予了资本主义不断扩展的机会，尤其是美洲的开拓与发展。费孝通在美国看到了，任何空间都是有限的，等到这个空间逐渐利用完后，知足的理论就会出现，当时欧洲环保的理念已经生根发芽。也就是在这样的对比中，费孝通对中国的未来是否一定要走西方道路产生了疑虑。

另一方面，如果中国和欧洲和美国隔着陆地和大洋各自不相干扰地发展，中国还可以按以前的节奏走自己原来的发展老路，但问题是随着工业化的扩展，世界已经一体化了，东西方文明开始碰头了，要在同一个全球性的空间发展了，这就不能不把两种不同的文明放在一起来讨论，并在对比和讨论中才能明晰中国未来的发展道路。

所谓的资本主义对人类发展的潜在威胁，费孝通不仅是从资本主义不断扩张的本质来认识的，更重要的是两次世界大战给他带来的震撼。当然，他并不认为资本主义一定会引来战争，但里面的隐患是存在的。此外，他也看到了西方文明的优势，"现代技术虽则一方面打破了社会的完整性，但是另一方面却增进了一般人民的物质享受。而且他们有充分的时间，逐步的用'法'把社会关系维持下去。基督教和罗马法本是西洋文化的两大遗产，和现代技术结合，造成了个人资本主义的一种文化"①。他认为，民主制度是抑制战争的方式之一，因为大多数民众是需要和平的，只要政府不敢违背民意，战争就有可能会被控制。

《乡土重建》是由系列文章组成的，里面的第一篇文章的题目是《中国社会变迁中的文化结症》。他在这篇文章的末尾指出："我当然希望欧美的文化既已发生了现代技术，能百尺竿头，再进一步，创造出一个和现代技术能配合的完整的社会结构。这可以使在技术上后进的东方减轻一些担负。但是我不能不怀疑现在这种结构已经存在……我不敢否认世界文化史中可能再有一次文艺复兴。这一次文艺复兴也许将以人事科学为主

---

① 费孝通：《乡土重建》，第12页。

题，中国和其他东方国家传统可能成为复兴的底子。"①在晚年教导笔者时，他也经常会提到当人类社会再一次面临转型时，也许会来一场新的文艺复兴。在这场新的文艺复兴中，中国的知识分子应当有一种使命感。工业文明主要解决的还是人与自然关系的问题，人与人的问题还没有得到解决，如果人类社会继续发展下去，是迟早要解决这一问题的。中国人在处理人与自然的关系上落后了，但在处理人与人的关系上，是有传统上的优势的。有关这一问题，后文讲到费孝通晚年思想的时候，我们还会讨论到，可以说这是他晚年的一个非常大的心愿，而在这里我们看到了源头。

虽然《乡土重建》展现的是费孝通早期的看法，"我们只有承认现在有的弱点，积极地接受西洋文化的成就"，只有这样，我们才能迎头赶上。但是他同时还在思考的一个问题就是："我们也应当明了怎样去利用现代技术和怎样同时能建立一个和现代技术相配的社会结构是两个不能分的问题。若是我们还想骄傲自己历史地位，只有在这当前人类共同的课题上表现出我们的贡献来。"②在这里我们看到的是，费孝通从来都是站在全世界的角度来思考中国问题。他认为，中国社会变迁是世界的文

① 费孝通：《乡土重建》，第13页。
② 同上。

化问题。"若是东方的穷困会成为西方社会解体的促进因素，则我们共同的前途是十分暗淡的。我愿意在结束我这次演讲之前，能再度表达我对欧美文化的希望，能在这次巨大的惨剧之后，对他们文化基础作一个深切的研讨，让我们东西两大文化共同来擘画一个完整的世界社会。"[1]在这段话中，他晚年的"美美与共，世界大同"的思想已经呼之欲出了。我们可以看到他的思想有很强的一贯性，这个一贯性就是在世界文明的整体发展中寻找中国的发展道路。

（三）有关乡村人才的良性循环

在谈到双轨制的政治制度的时候，我们已经看到中国知识分子在乡村的作用和价值。如果没有他们的存在，乡村就会缺少一条上传下达的通道，要是这条通道给堵死了，基层制度就僵化了。但是在工业文明的冲击下，中国乡村正在迅速流失绅士阶层。现代教育讲求传授新知识，所谓新知识，其实就是从西洋来的知识。本来知识不应分中西，况且现代化是要求输入

---

① 费孝通：《乡土重建》，第13—14页。

西洋文化的。乡间的传统正待改良，新知识的输入也是改良的方案。但费孝通看到的是"一个乡间出来的学生学得了一些新知识，却找不到一条桥可以把这套知识应用到乡间去；如果这条桥不能造就，现代的教育，从乡土社会论，是悬空了的，不切实的。乡间把子弟送了出来受教育，结果连人都收不回"①。学生的知识在乡村并无用武之地，这样一来，工业化不仅从乡村吸引走了劳动力，也吸引走了知识分子。面对这样的情况，费孝通痛心地说道："以前保留在地方上的人才被吸走了；原来应当回到地方上去发生领导作用的人，离乡背井，不回来了。一期又一期的损蚀冲洗，发生了那些渣滓，腐化了中国社会的基层乡土。"②也就是说，乡土培植出来的人已不复为乡土所用，这是目前很清楚的现象。

在现代社会，一个人升迁的途径几乎全部集中在都市以内。如果不先变作城里人，一个乡间的寒门子弟已几乎完全不再有攀登的机会，这样的现象就打断了传统乡村人才循环的模式。费孝通认为："中国落叶归根的传统为我们乡土社会保持着地方人才。这些人物即使跃登龙门，也并不忘本；不但不损蚀本乡的元力，送往外洋，而且对于根源的保卫和培养时常看成一

---

① 费孝通：《乡土重建》，第59页。
② 同上书，第58页。

种责任。因之，常有一地有了一个成名的人物，所谓开了风气，接着会有相当长的时期，人才辈出的。循环作育，蔚为大观。人才不脱离草根，使中国文化能深入地方，也使人才的来源充沛浩阔。"①

费孝通说，乡下人为孩子提名，最普通的是"阿根"。这个根就是供给他生长资料，供给他教育文化的社会：小之一家一村，大之一乡一国。从社会说，取之于一乡的必须回之于一乡；这样，这个社会才能维持它的水准。②但是到了近代，中国乡村以往的循环慢慢地开始中断了，费孝通关注到了这一现象。像这样的情况在西方也存在吗？如果存在，他们是如何解决的？他了解到了美国的办法："美国都市的工业依靠广大农村作市场。农村的损蚀固然乡下人先遭困乏，但是困乏的乡间也会引起都市的恐慌。罗斯福发动 TVA 的计划目的还是在挽救都市的经济恐慌。李林塞尔最得意的杰作就是在恢复由城到乡的这条桥梁。从这桥梁上，城市里所孕育出来的现代知识输入了乡间，乡间出来的人才，受了现代科学的教育后，可以回去服务农村了。"③

---

① 费孝通：《乡土重建》，第57页。
② 同上书，第56页。
③ 同上书，第61页。

　　"如果中国都会里的生产事业发达得快，乡间吸收出来的人都能找到发展才能的适当地位，乡土社会虽则被损蚀了，但是都市却繁荣了，我们可能走上美国的道路，等都市财富积聚得无法消化时，再像TVA一般流回农村去。"[1]那也起码解决了部分问题。所以费孝通说："提倡都市化是不错的，但是同时却不应忽视了城乡的有机联系。如果其间桥梁一断，都市会成整个社会机体的癌，病发的时候城乡一起遭殃。中国却正患着这病症，而且，依我看来，目前正在病发的时候了——表现出来的是乡间的经济瘫痪和行政僵化，都市的经济恐慌和行政腐败。"[2]

　　这又是如何形成的呢？那是因为，"西洋文化并没有全盘输入，只输入了它的上层或表面的一层，包括思想、意识、生活方式和享受欲望，并没有把维持这上层的底子——经济基础——搬了过来。这个脱节可真脱得严重，也是发生那流落在西洋和传统文化之外，流落在生产事业之外的倚赖权势为生的阶层，中国悲剧中的主角和导演。"[3]这个问题在农村长期没有得到解决，中国的乡村得不到发展，就是由于社会有机循环的

---

　①　费孝通：《乡土重建》，第62页。
　②　同上书，第61页。
　③　同上书，第62页。

破坏。所以费孝通说："很显然的，如果我的分析有若干正确性的话，我们必须从速恢复城乡之间的循环关系。"^①如何恢复？费孝通联想到了他在英国农村看到的景象，"退休回村的专家们，和不在麻将桌上消耗时间而愿意在乡间做'义务车夫'的太太们。这些人物如果允许我把他们包括在'绅士'一类中，我愿意把地方自治的前途寄托在他们的身上"^②。

在笔者看来，20世纪费孝通提出的问题在今天仍然没有得到解决，许多乡村不仅找不到知识分子，就连劳动力也都进城打工了。如今国家提出了乡村振兴的战略，费孝通的想法可以给予我们许多启发。改革开放至今，许多人从乡村考大学出来，在城市成为公务员、学者、大学老师、企业家等。但随着城市的人口饱和，以及新能源、智能化、网络化等现代科技的发展，劳动力向乡村转移将会是一个趋势。如果国家加强乡村的基础设施建设，同时给予回乡创业、回乡养老的人一些优惠政策，那么乡村的人才循环和资金循环都会得到良性的发展，也许费孝通当年的一些设想，在今天能得到实践。

---

① 费孝通：《乡土重建》，第64页。
② 同上书，第50页。

（四）发展乡土工业

乡土工业的衰落是它和西洋机器工业竞争的结果。因此，乡土重建除了考虑文化、制度和人才的良性循环，还必须考虑生产方式的变革，这是第一位的。在写《乡土重建》之前，费孝通陆续写过《人性和机器》《中国乡村工业》等文章，主要论述的就是农工文化的特点，指出了中国的乡村自古以来都是"农工相辅"，中国的农民具有农民和手艺人的双重身份。在中国各地都有乡土工业生产的土特产，这种亦工亦农的生产方式使人多地少的中国乡村长期以来保持了一种小康的生活水平。

外来的工业产品打破了中国乡村长期以来的这种平衡。"机器工业在大规模生产的方式下成本减轻了，品质提高了，土货成了个贬损的名词，洋气才是风头，骨子里不过是两种生产方法的优劣。费了较高成本制造出既不雅观，又不适用的土货，怎能在既便宜又漂亮的洋货旁争得购买者呢？土货的市场让给了洋货，在享乐上是提高了买得起洋货者的水准，可是同时却引起了乡村里无数靠着制造土货的工人们的失业。"①一方面是农民们自己做的手艺活没有了市场，失业了；另一方面，洋货

---

① 费孝通：《乡土重建》，第69页。

的充斥使得农民还要自己掏钱去买这些洋货，中国的乡村从此走向贫困也就是自然的事情了。如何让乡村摆脱这种贫困，这是费孝通想了半辈子的事情，他说他的学术目标是"志在富民"，也许就是由此而生。

为此，费孝通提出了"工业下乡"的想法，也就是不要把所有的工业都集中在都市，有些工业也可以放在乡村。"我的出发点却并不是'为了工业着想'，而是'为了这三万万几千万的农民着想'。为农民着想，工业如果离开了乡村，试问他们从哪条路上去提高他们的收入呢？"[①]他还说："乡土工业这个名字，我知道是不够漂亮，不够生动的，但是在这乡土中国，漂亮和生动常等于奢侈。"[②]在这里，费孝通追求的不是奢侈、漂亮，而是脚踏实地，这也最符合中国实情。

费孝通认为："如果农民把经济作物的收获直接当原料卖出去，不如在可能范围里自己加工，甚至制造成了把成品出卖，在收入上讲应当更上算。这就是把农业联上了工业了。这其实也就是我们传统乡土经济的方式，在和西洋现代工业势力接触之前，我们乡村中本来是有相当发达的工业的。我也认为乡土

---

① 费孝通：《乡土重建》，第83—84页。

② 同上书，第85页。

工业是形成中国小农经济的一个重要因素。"①"在已经成熟的西洋侵略性的工业经济的滩头，要确立我们民族工业的阵地，在策略上大概不能避免走上复兴乡土性工业的路子。"②但乡土性工业并不完全等同手工业，费孝通的意思是希望乡土工业的技术基础由手工变成机器，因之在名词上引起了许多混淆。他说："有人认为我提倡手工业而反对机器，有人说我'留恋'于过去。为了免除这些混淆我才采用这乡土工业一词。乡土工业可以是手工的，也可以是机器的；可以是家庭性的，也可以是工厂性的。重要的是在这种工业并不隔离于乡村，在原料、劳工、资本等各方面以乡村的来源为主。"③

　　费孝通认为，要实行工业分散在乡村的想法是需要条件的，这个条件就是电气化的实现。"当工业革命开始的时候，主要的发明是蒸汽动力。用蒸汽来做生产动力，机器的位置给规定了集中在一地的形式。蒸汽所推动的引擎（发动机）和制造机之间必须有一根皮条连着，所以这两种机器愈靠得近愈经济。因之早年的工厂形式是许多制造机中间拥着一个锅炉，锅炉上是一个烟囱……烟囱也象征了工业。货物的运输靠火车，

---

① 费孝通：《乡土重建》，第83页。
② 同上书，第71页。
③ 同上书，第137—138页。

火车有一定的站，不能零零星星地把货物运送到分散的栈房里，货物的散集必须有个中心。这样立下了现代集中式工业都市的形态，那是蒸汽动力的产物。"[①] 将工业集中于都市是第一次工业革命的结果，那一次的革命是蒸汽机技术革命，但在19世纪下半叶，人类社会已经进入了第二次工业革命，那就是电力技术革命。费孝通指出："电力的应用把工业的区位改变了，这时代象征工业的不再是烟囱，而是蛛网形的电线。""中国乡土工业的复兴必须以这种新动力作基础。有了这种动力，我们才能依每种制造过程的性质去安排工厂的规模和位置。"[②] "内燃机的发明和在运输上的应用，卡车和公路的发达，更使货物的散集不必集中在少数据点。电话和航邮又使经营上的往来减少了密集的需要。这种种技术上的进步，使分散工业不成为幻想了。"[③]

费孝通的这种想法从某种程度来讲是具有超前性的。那个时代，欧美工业革命的基础设施大都建立于第一次工业革命，是以蒸汽机技术为基础的集中建设。中国作为一个新兴的工业化国家，赶上了第二次工业革命的浪潮，完全可以利用新技术，

---

① 费孝通：《乡土重建》，第85—86页。
② 同上书，第86页。
③ 同上书，第86—87页。

走分散式和集中式齐头并进的新型的工业化之路。他还认识到，"技术的改变，不但会影响工业的区位，而且会改变工业组织的结构和财富的分配方式。"[①]小型化、分散式的劳动方式可以避免财富为少数大企业家所垄断、而能惠及更多的民众。

但是，费孝通并没有说一切工业都要分散到乡村里去。他认为，制造单位的规模是以技术来决定的。"在重工业里大规模的制造单位是技术上所必须的，但是在很多的轻工业中制造单位一向并不很大。1928年上海1498个工厂里有1071个（占全数71%）是在90个工人之下的；有312个（占全数20%）是在30个工人之下的。……那些90个工人之下的小型工厂假如有电力可以利用，全可建立在乡村里。如果这1000多个小型工厂分散到了乡村里，我相信比了集中在上海，对于乡村人民经济上的帮助一定可以更可观。"[②]

在费孝通看来，乡土工业的转变并不是突然的，也不一定是彻底的。重要的是在增加乡民的收入，增加一点是一点，愈多愈好，愈快愈好。有多少可用的机器就用多少，有多少可以引入的现代知识就引进去多少。他还提出两个问题：在有限的资本下，重工业和乡土工业之间应当维持什么样的比例？重工

---

① 费孝通：《乡土重建》，第87页。
② 同上书，第90页。

业的经营应当采取什么方式？他说："我倾向于先发展乡土工业的意思，然后用这种工业里所创造出来的资本去发展较大规模的重工业。简单说，我们得从土地里长出乡土工业，在乡土工业长出民族工业。这条路线是比较慢的，但也比较稳的。"①

"我所谓乡土工业包括下列几个要素：（一）一个农家可以不必放弃他们的农业而参加工业，（二）所以地点是分散在乡村里或乡村附近，（三）这种工业的所有权是属于参加这工业的农民的，所以应当是合作性质的，（四）这种工业的原料主要是由农民自己可以供给的，（五）最主要的是这工业所得到的收益是能最广地分配给农民。""我并不主张：（一）一切工业都分散到乡村中去，（二）一定利用手工生产，（三）全在农家家庭里经营，（四）商品由各家分别出售。"②

这样的想法最终目的还在于拉平城乡生活差距。费孝通认为："我们有理由想到如果乡土工业不过是一种中国工业化的过渡步骤，这个步骤会不会阻碍中国高度工业化的发展。"③在20世纪40年代，中国面临乡村的急剧衰败，许多知识分子都在关注这个问题。当时毕业于美国名校的晏阳初在充满内忧外患

---

① 费孝通：《乡土重建》，第139页。

② 同上书，第85页。

③ 同上书，第139页。

的中国腹地引领、实施平民教育，有大批海归学者跟随投身其中，像陶行知、梁漱溟、卢作孚等人皆受启发，也从东到西践行"上山下乡"，分头实施乡村建设试验，复兴濒临崩溃的中国乡村。在这样的背景下，费孝通的研究和看法也自然引起了不少人的讨论，有人认为他的想法太过于天真，但费孝通回答说："倒不如说我这种想法太迁就了事实。"①他的这些想法是在做了大量的实地考察和中外比较之后，形成、建立在尊重事实的基础上的。他认为，以往种种乡村建设的尝试，似乎太偏重了文字教育、卫生等一类并不直接增加农家收入的事业。这些事并不是不重要，而是它们是消费性的，没有外力来资助就不易继续。要乡土在自力更新的原则中重建起来，一切新事业本身必须是要经济上算得过来的，所以乡土工业可能是一种最有效的入手处。

---

① 费孝通：《乡土重建》，第140页。

四、乡土中国的再现与重构

在这个时期，费孝通的研究逐渐从经验研究上升到理论建构的阶段。如果说，费孝通以前做的田野研究大都是个案，这一时期的研究侧重的是社会结构的分析，更偏于通论，进而从理论上总结并开展实地研究。有关这些问题，他在这一时期的《乡土中国》《乡土重建》《皇权与绅权》《人性和机器》等一系列的著作和文章中作了深入的剖析。总体而言，费孝通关于中国的乡村建设的论述，可以总结为三个最重要的理论问题：乡村文化、乡村治理、乡村产业和经济。中国的乡土社会中本来包含着赖以维持其健全性的所有习惯、制度、道德、人才。但这一切在工业化和城市化以后，却消失殆尽。我们如何去重新认识它，重新去发现其价值，在费孝通的著作里有着详尽的解读。

费孝通笔下的乡村的社会结构、文化礼俗，尤其是文人士绅和知识分子在乡村中所发挥的作用和价值，也给我们今天的乡村治理带来许多新的思考。我们看到，生活在乡土社会的不仅有农民还有文人士绅，而且他们在传统的中国乡村中有着不可替代的作用。在传统的乡村中，正是这些文人士绅在起着政府官员们起不到的作用。他们有的是祖祖辈辈生活在乡村，有的则是读书做官，或出外经商老了以后才回家乡，利用自己的知识以及官场或商场的人脉关系，帮助家乡发展，维系乡村的繁荣。但是，工业革命以后，受过西方教育的现代知识分子并没有取代旧的知识分子，他们没有回到既无社会地位又无事业可谈的乡村去，而是留在城里。乡村流失了一些优秀的人力资源。费孝通认为："都市和乡村是必须来回流通的。……乡间出来的人才，受了现代科学的教育后，可以回去服务农村了。"①这些话虽然是费孝通在20世纪40年代写的，但对于我们今天的乡村建设仍然有着非常重要的启示：如果今天的乡村建设不能吸引知识分子的参与，仍然会难以成功。

除此之外，费孝通提出来的乡村工业对于今天的乡村建设依然有启发和指导意义。当前的乡村振兴，大家所关注的主要是旅游业，服务的对象主要是游客，忽视了当地的农民。这些农民要在自己的土地上生活下去，不仅是要发展农业和旅游业，

---

① 费孝通：《乡土重建》，第61页。

还必须要发展乡村工业，如果乡村没有自己的工业，农民的生活将很难有所依附。在传统的中国，由于人多地少，"土地不但不能单独养活农村里的人口，而且也不能利用农村里所有的劳力"①。中国广大的农村养育了中国百分之九十的人口，同时也使得传统的中国不仅是一个农业大国，也是一个手工业大国。因此，传统的中国不能简单地被称为农业国家，应该与手工业合称为"农工国家"。中国的手工业制品自古就大量出口，并由此开通了陆上和海上的丝绸之路。美国学者罗伯特·芬雷曾在他的书中写道："人类物质文化首度步向全球化，也是在中国的主导下展开。……在绝大部分的人类历史时光之中，中国的经济都为全世界最先进最发达。"②但由于工业革命的冲击，手工不敌机器，中国的手工业产品无法出口，本国城市的居民也热衷购买外来的洋货。19世纪末至20世纪中叶，整个的大趋势是中国经济的彻底农业化，中国陷入了前所未有的贫困之中。对此费孝通认为，失去了手工业的"农业中国等于是个饥饿中国"③。"乡村工业不

---

① 费孝通：《内地的农村》，载《费孝通全集》第四卷，内蒙古人民出版社2009年版，第390页。

② ［美］罗伯特·芬雷：《青花瓷的故事：中国瓷的时代》，郑明萱译，海南出版社2015年版，第16页。

③ 费孝通：《中国乡村工业》，载《费孝通全集》第二卷，内蒙古人民出版社2009年版，第348页。

是一个单独的问题，而是密切关联着农业技术和人民生计的复杂问题的一环。"[1]正因为有这样的认识，费孝通一生都在试图推行乡村工业，甚至认为它未来很可能成为主流。

费孝通的这些思考与工业文明的反思有关，他看到的是人类更远的前途。他说："若是手工业的前途是无可挽救的，我们放弃手工业又必然要接受集中都市的机器工业，则我们的问题是如何在现代工业中恢复人和机器以及在利用机器时人和人的正确关系。这就是一般西洋朋友们现在焦心思虑的问题。"[2]工业革命以后，人与机器的对立，人的单一向度的发展，包括人的异化在西方的学术界都是广为讨论的话题。这同样引起了费孝通的关注，"我们一大部分可以分散的工业和农村配合来维持大多数人民的生活，是一条比较最切实的出路，而且这条出路里可以避免西洋机器文明所引起对于个人和社会的不良影响"[3]。中国要走现代化的道路，但这条道路不一定按照西方的走，而是根据自己的历史和传统走出来。他就此提出"我们的问题是如何在现代工业中恢复人和机器以及在利用机器时人和人的正确关系"[4]。

---

[1]　费孝通：《中国乡村工业》，第343页。
[2]　费孝通：《人性和机器》，第56页。
[3]　同上书，第57页。
[4]　同上书，第56页。

当然，费孝通也知道人类已经离开了农业文明走上了现代化的工业文明之路，要想让工业留在乡村，最重要的是乡村电气化。"中国乡土工业的复兴必须以这种新动力作基础。有了这种动力，我们才能依每种制造过程的性质去安排工厂的规模和位置。"①必须承认在那个时代，费孝通的这一理想由于科学技术的限制难以实现。但到了今天，人类社会面临第四次工业革命，机械化将由智能化、信息化、网络化所取代，费孝通理想中的分散式工业将不再是幻想。未来的乡村不仅可以实现小型的分散式工业，还可以实行智能化加手工艺式的家庭作坊制。等到乡村智能化以后，费孝通所期待通过现代化使农村变质的愿望——"使农村成为一个更适宜于人类居住的社区"②就一定能实现。

如果我们恢复有中国特色的地方性手工业，一方面，这可以成为新的经济增长点，另外一方面，新的生产方式将会构成新的生活方式。手工业代表的不仅是技术，也是一种环保与生态的理念，同时也有助于丰富情感生活。在这样的基础上实现费孝通所理想的"东方式小康生活"，也就是环保和生态并举

---

① 费孝通：《乡土重建》，第86页。
② 费孝通：《小康经济》，载《费孝通全集》第五卷，内蒙古人民出版社2009年版，第439页。

的小康生活是完全有可能的。中国将会从乡土中国迈向生态中国，这是一个可持续的绿色文明发展模式，中国如能率先走出这样的模式，我们就会成为在价值理念上和经济发展上都非常先进的国家，这是费孝通所期待的。这就是我们今天还要重新阅读费孝通的著作的原因——他的著作蕴含着中国未来的发展道路和方向。

后　记

　　山东画报出版社委托我写一本帮助大家读懂费孝通先生《乡土中国》的书，我欣然同意。费孝通先生的《乡土中国》脍炙人口，是一本帮助我们了解中国传统文化和传统社会的入门之书。

　　如果我写的书能帮助大家进一步读懂《乡土中国》，并能帮助大家了解当年费孝通先生写这本《乡土中国》所处的社会环境、所做的学术准备及学术积淀，还有围绕着这本书所延伸出去的对中国乡村当下问题与未来问题的思考，我将会感到莫大的荣幸。

　　我之所以写得还算顺利，源自我于2021年在商务印书馆出版了一本《费孝通之问：人类社会如何走向"美美与共"——费孝通学术思想传》，同时还编写了一套五本《费孝通精选集》，加之以前编写过《费孝通晚年思想录——文化的传统与创造》《全球化与文化自觉——费孝通晚年文选》等书，这些以往的研究为我今天的写作打下了扎实的基础。最重要的是，我还曾在费孝通先生门下学习并跟随他做课题，多年来在费孝通先生"从实求知"学术思想的指导下做田野调查，关心中国社会变迁，关心中国乡村的发展。因此，写作的过程也是重新阅读费孝通先生著作，以及对照自己学术研究和思考的过程。

在这本书的写作过程中，越发感觉到费孝通先生学术思想的重要性和其所具有的现实意义，也越发感激他曾经对我的谆谆教诲和培养，我将这本书献给费孝通先生，献给所有喜爱《乡土中国》的读者们，并与大家共勉：以《乡土中国》的研究为基础，为探索中国式现代化道路贡献力量！

最后，感谢山东画报出版社能以此为选题，让我有机会写这本书。同时，还要感谢编辑梁培培，是她的约稿和建议才有了这本书的写作和顺利出版。

方李莉

2024年11月于北京